JN108635

「ちゃんとしなきゃ」から解放されて自分らしく成長する教師になる方法

吉田誠 著

東洋館出版社

はじめに

本書は、これから教師を目指す人や初任の教師が、実習校や勤務校で子どもたちとともに成長し、自分らしく生きる教師になるために、自我発達段階の理解を深めながら学校で拡大再生産されているネガティブな思考に気づいて超える見方、考え方を身につけてもらうことを目指しています。成育歴の中で家庭や学校での経験から生まれたチャッター、すなわち、無意識から湧き上がるネガティブな思考と感情については、程度の差はありますが、誰もが抱えているものです。教師を目指す人、既に教師になっている人の中には学校文化や学校での経験に過度に適応してきたために、真面目で責任感が強く、過度に緊張しがちな人々が比較的多く見られます。そのような人々の中には、子どもたちと楽しく学びたいという理想をもちながらも、教師になって子どもたちを怒鳴りつけたり脅したりしてしまって、子どもたちから顔色をうかがわれたり距離を置かれたりする、いわゆる教室マルトリートメントの状況に陥ってしまう人も見られます。

この問題が論じられている川上康則氏の『教室マルトリートメント』では主に現職の教師を対象として子ども理解を修正することで状況を改善することが目指されています。これに対して本書では、教員養成から初任の段階にある人々を主な対象として、教師が抱きがちなチャッターの具体例を自我発達段階の視点から整理して示しながら、教師自身の無意識の思考と感情を言語化して意識することで教室マルトリートの状況に陥ることを予防し、教師自身も自分らしく生きられるようになることを目指しています。

本書を通して、必要な行動にブレーキをかけたり不必要あるいは有害な行動へのアクセルを踏み込んだりする形で自分を無意識に動かしてしまうチャッターを言語化して意識し、その裏側に隠れている本来目指している教師像や理想とする子どもの姿とその実現のための目標を再設定してみてください。再設定した理想や目標をより具体化しながら実践に移すことで、子どもたちとよりよい関係を築きながら生涯にわたって成長、発達し続ける教師になることができるでしょう。本書を通して見つけた本来目指したい教師像は、これから教師を目指す人がポジティブな動機から教師になる意欲を高めるためにも、既に教壇に立っている人が指導方針で迷った際に、自分の原点に立ち返って目標を再設定するためにも活用できます。

本書に示す自我発達段階やチャッターに関する見方、考え方は、初任から数年後、教育実習生の指導をするとき、管理職になったとき、など定期的に見返して自身の成長、発達の過程を振り返って理想や目標の再設定をすることにも役立ちます。さらに、子どもたちとのよりよい学級づくりに限らず教職員とのよりよい職員室や学校づくりにも応用できます。教師として自分らしく成長、発達するためのガイドブックとして本書を活用してください。

contents

第2章

生涯学び続ける教師になるために

第4章

どんな子どもに育てたいのか？

第5章

なぜ教師になりたいのか？・何のために教師をしているのか？

第6章

包容力のある教師になるために

第1章

chapter-1

学校で拡大再生産されるチャッターがもたらす問題

チャッターとは？

私たちは、日常生活のあらゆる場面で、いろいろなことを考えながら過ごしています。「今日の昼ごはんは何を食べようか…」といった、意識して頭に思い浮かべる言葉もたくさんありますが、無意識のうちに思い浮かべていて、まだはっきりした言葉になっていないものもたくさんあります。

たとえば、何か物を落としたり失敗したりしたときに無意識に自分を責めていることはないでしょうか？ また、急いで何かをしなければならないときに、焦ってしまい余計に時間がかかってイライラすることはないでしょうか？ このとき、私たちの頭の中では、自分にダメ出しをする言葉や「早くしなきゃ」といった言葉が繰り返し浮かんでいます。イーサン・クロスの『Chatter：「頭の中のひとりごと」をコントロールし、最良の行動を導くための26の方法』では、このような言葉を「チャッター」と呼んでいます。クロスは「循環するネガティブな思考と感情」からなるチャッターが目の前の出来事から私たちを引き離して、過去にさかのぼったり未来を想像したりする心のタイムトラベルをもたらすと言います。

たとえば、お茶を入れようと急須のふたを持ち上げようとしたとき、手が滑ってふたが床に落ちて割れたとします。手が滑った瞬間、「しまった」「割れてしまった」「何してるの！」「早く拾わなきゃ」というチャッターが矢継ぎ早に浮かびます。あわてて割れたかけらを拾おうとして指を切ると、「ダメじゃない！」「危ないでしょ！」「もう何してるの！」「早く片付けなきゃ」とチャッターが追い打ちをかけてきます。そして、傷の手当てをしながら過去や未来へのタイムトラベルが始まります。「ものが壊れたら何か悪いことが起きるかも…。そういえばあのとき…」「これから出かけるのに、何か悪いことが起きたらどうしよう…」

チャッターがもたらす心のタイムトラベルは楽しいものではなく、不安や焦りを増幅させることがほとんどです。さらに、過去に起きた悪い出来事を連想し始めると、同じような言葉や思考が頭の中を繰り返しめぐって止まらなくなることもあります。周囲の人が見れば、「そんなに不安になったり焦ったりしなくてもいいのに……」と思うのですが、本人はそう言われたとしても気づかないことがほとんどです。不安や焦りにとらわれていることに気づかないので、そこから抜け出すこともできません。周囲の人からおかしさを指摘されても、自分の不安や焦りがいかに深刻で大変なことか訴え続けるかもしれません。

チャッターははっきりした言葉として自覚されないことが多いためか、クロスはチャッターの具体的な例を示していませんが、あえて言葉にしてみると「早くしなければ」「ちゃんとしないと」「失敗しちゃいけない」「間違えちゃいけない」「甘えてはいけない」「わがままだ」「頑張らないと…」「不安だ」「無理だ」「どうせ…」「ダメだ」といったネガティブな言葉に代表されます。そして、これらの言葉は私たちの言動を縛ってしまいがちです。

どこからこういった言葉が生まれてきたか、過去の記憶をたどってみると、子どもの頃に親や学校の先生などから言われた言葉や経験に原因がありそうです。「早くしなさい」「ちゃんとしなさい」「失敗しちゃダメでしょ」「間違えちゃダメでしょ」「甘えてちゃダメでしょ」「わがままは許しません」「頑張りなさい」「やればできるでしょ」「何でできないの?」といった言葉を繰り返し投げかけられることで、そのときの感情と内面化された言葉が大人になってからもチャッターとして、私たちの頭の中に浮かんでくるのです。

チャッターが生まれるメカニズムについて認知神経科学者アントニオ・R・ダマシオの『感じる脳』を参考に考察してみましょう。私たちが漠然と「感情」と呼んでいる状態について、ダマシオは意識された感情と、感情が意識される前から生じている情動に区別して論じています。ダマシオによれば、情動を誘発しうる刺激が起きると、(不安や怒り、恐怖などを私たちが感じる前から既に) その刺激が生命の維持にとってポジティブかネガティブかを脳内で素早く評価するシステムがあります。同時に、その刺激と関連する過去の身体感覚の記憶から関連する情動や欲求を自動的に生じさせる無意識的な思考モードも働きます。評価システムと無意識的な思考モードは、自律神経系を通して心臓を含む内臓や免疫系などの反応を生み出すと同時に、その反応を捉えて脳内にある仮想的な身体イメージを書き換えます。したがって、情動とは脳内の仮想的な身体イメージの状態が生命の維持にとってポジティブかネガティブかといった命の状態を示す無意識的な反応であり、心臓を含む内臓や筋肉、血流などの身体反応を伴います。これに対して感情は情動が意識された結果生じる、意識的な行動や記憶の想起を伴う反応です。そして、意識された感情とともに意識された欲求も生まれます。ダマシオの議論を基に筆者がこれらの関係をわかりやすく整理したものを図1－1に示します。図の中の破線の楕円は無意識のうちに素早く処理される部分です。図から、脳内は、現在の生命の状態がポジティブかネガティブかを過去の記憶と照合しながら評価し、それに応じた感情、情動や欲求を生み出す多重ループシステムになって

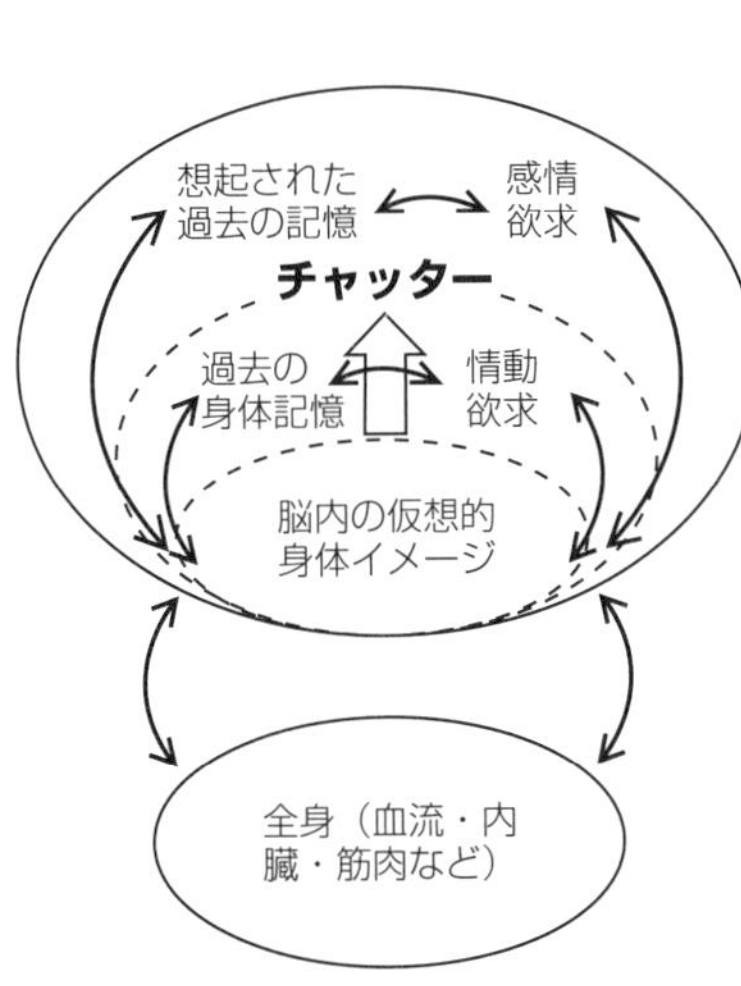

図1-1 脳の多重ループシステムとチャッター
（ダマシオの研究に基づいて筆者が作成）

いることがわかります。そして、脳内の仮想的な身体イメージと無意識のうちにそこに変更を加える過去の身体記憶や情動、欲求の無意識的なループシステムから生まれたものがチャッターだと考えられます。チャッターが意識によってコントロールできない「循環するネガティブな思考と感情」である理由もこの図から明らかになります。

チャッターがもたらす問題

頭の中に思い浮かぶ言葉はすべてがネガティブなものというわけではありません。私たちは何かを記憶したり、思考したり、文章を読んだりするときにも頭の中でさまざまな言葉を思い浮かべます。それらの言葉は私たちが生活するのに役立ちます。ところが、ストレスがたまったり、プレッシャーがかかったりする状況では、頭の中にネガティブな言葉と感情、すなわちチャッターが湧き上がってくることがあります。

チャッターは私たちが危機に瀕しているという警報を出すことで交感神経を活性化させます。交感神経が活性化すると、心拍数が増加したり、全身の筋肉が緊張したり、といった身体的な反応が起こります。神経生理学者ステファン・W・ポージェスのポリヴェーガル理論によれば、外界の危険と安全に対応した反応を起こすために進化した人体の自律神経系は、副交感神経系の背側迷走神経と腹側迷走神経、交感神経の三つに分類されます。もっとも原始的な反応を起こす背側迷走神経は生命の危機に直面すると身体の不動化、すなわち身体が凍りついたように動かなくなったり声が出なくなったり意識が遠のいたりといった仮死状態にすることでエネルギーを温存しようとする働きを起こします。進化の過程で次に現れたのが交感神経で、危険に対して闘うか逃げるかの行動を起こすための身体反応を引き起こします。そのため、交感神経が活性化されると先に述べたように心拍数が増加したり、呼吸を早くしたりして、身体が行動を起こすための準備をします。進化の過程で最後に現われたのが、腹側迷走神経で外界が安心、安全だと感じたときに活性化し、他者とつながり協力しようとするために話したり聞いたり表情を作ったりするための神経系を活性化します。

心のタイムトラベルをもたらすチャッターは、現在の身の周りには何も危険がなくても、過去に危険を感じた経験の記憶を呼び起こし続けることがあります。それによって、交感神経が活性化した状態が頻繁に起きたり、常に活性化し続けたりしていると、私たちは気づかないうちに人とつながることよりも、常に周囲の環境に危険がないか探すことに意識を向けるようになります。現実には何も危険はないにもかかわらず、頭の中には「何か危険が迫っている」という警報が鳴り続けているために、おどおど、そわそわしたり身体のどこかを動かし続けたりして落ち着かず、視線もあちらこちらへ移動して定まらなくなったります。さらに、脳の短期記憶の容量をチャッターが占めてしまうので、やるべきことを忘れてしまったり、焦ることでミスを重ねてしまったりして、ますます頭の中にチャッターが増殖することにつながります。

もしも、子どもの頃に親や先生から大声で怒鳴られたり叩かれたりした経験のある人がチャッターによってその記憶を呼び起こされたとしたら、あるいは、子どもの頃にクラスメートから意地悪をされたり仲間外れにされたりした経験のある人がチャッターによってその経験の記憶を呼び起こされたとしたら、どうなるでしょうか。危険を感じた交感神経や身体の反応が起きることで、目の前の現実では起きていないにもかかわらず危険な出来事が起きていると錯覚して、闘うか逃げるかの行動をすることになりかねません。そして、闘うか逃げるかの行動を起こすことで、結果的に危険な世界を現実に生み出してしまう可能性さえあります。

ここで私自身の経験をお話しします。子どもの頃からクラスで最も身長が低い方に属していた私は、身体の大きなクラスメートからいじめられることがしばしばありました。大人になって、その事実をすっかり忘れていましたが、車の運転中に出てくるチャッターを自覚してそこから抜けられるようになってから気づいたことがあります。以前から後ろの車にあおり運転をされることがよくあるので運転が嫌いだと思っていました。特にあおり運転が社会問題になってからは、運転中に後ろから接近してくる車を見ると頭の中に「危険だ」というチャッターが鳴り響き続けて腹立たしくなったり逃げたくなったりすることが頻繁にありました。それで車の運転をするときは後ろの車が車間距離を詰めてきていないか、後ろからスピードを出して迫ってくる車がいないか常に緊張してルームミラーを確認する状態でした。

「危険だ」というチャッターから抜けてみると、実は多くのドライバーは前の車に接近してからブレーキを踏むので一時的に車間距離が狭くなるけれども、しばらくすると少しずつ車間距離が広がっていくことに気づくようになりました。実は、後ろの車のドライバーにはあおり運転をしようとする意図はなかったのですが、車間距離が詰まったときに私が無意識にブレーキを踏んでしまうために後ろの車のドライバーがブレーキを強く踏むことになって一気に車間距離が離れ、その後またアクセルを踏み込むことでさらに車間距離が詰まってしまう状況が起きていたと思います。さらに、もう少し内省を深めることで後ろから迫ってくる車を見た時にチャッターがタイムトラベルをしていた先は、子どもの頃に私をいじめたクラスメートだったのではないかと気づきました。車のヘッドライトとフロントグリルは人の顔のように見えるとよく言われますが、チャッターによって私にはそれに体の大きないじめっ子の顔を重ねて見ていたのだろうと思います。このようにチャッターには目の前の現実に過去の経験を重ねることで、現実の世界を変えてしまうことさえできてしまうのです。

チャッターはいじめや虐待のような明確なトラウマ体験以外の経験からも生まれることがあります。たとえば、子どもの頃に家庭や学級で自分の居場所を得るために勉強をすることや手伝いをすること、よい子でいることなどの条件が設定されていて、無条件に自分の居場所があると感じられなかったとしたらどうなるでしょうか。家庭や学校に自分の居場所がなくなるかもしれないという不安は、常に自分の居場所を得るための条件を満たす行動をし続けたり条件が満たされているかどうか確認する行動をし続けたりすることにつながります。そのような経験から生まれるチャッターは、「○○しなければ」「○○してはいけない」といったものが多いと考えられます。また、親や教師、クラスメートから認められたい欲求が満たされないかもしれないという不安は、「嫌われる」「恥ずかしい」「下手」「できない」「ダメ」といったチャッターを生み出す可能性もあります。

これらの不安からくるチャッターも主に小中学生の頃に生まれやすいと考えられます。教師を目指す人々には、小学校や中学校の文化に適応した真面目な努力家が多いと思いますが、時として不安に動かされて過剰な適応の仕方をしていることもあります。たとえば、本当はやりたいことなのに「しなければいけないこと」と捉えていて言葉にもそれが表れていたり、「きちんとやらなければ」という思いからできているかどうか不安になって何度も確認したり、常に「努力し続けなければいけない」という思いが強くて休んだり力を緩めたりすることができなかったりすることがあります。これらは一見するとよいことのように思えるかもしれませんが、常に安心できない状況へと自分自身を追い詰めてしまうことになります。

また、誰かに認められたい、褒められたい、という思いが強すぎて、大学のレポートや授業実践などについて問題点を指摘されると自分の全人格を否定されたかのように感じたり、問題点を指摘した人を攻撃したりすることもあります。また、自分の見方や考え方、方法以外のもののよさを認められず、否定したり攻撃したりしてしまうこともあります。しかも、このようなときには自分はよいこと、正しいことをしていて頑張っているという強い思いを伴うことが多いので、ますます自分の見方や考え方、方法にこだわって努力してしまいがちです。もちろん、その努力が自分の成長につながる場合もあるのですが、自分の見方や考え方、方法が目の前の現実にそぐわない場合や、一部分を見れば正しく見えてもより広い視野から捉えた場合にもっとよい見方や考え方、方法が存在する場合には、努力が問題の解決や自分の成長にはつながらなくなってしまいます。その結果、「なぜこんなに頑張っているのに報われないのか」というチャッターや「どうせ自分は頑張っても報われない」というチャッターにとらわれてしまうことになりかねません。

そして、「大学の先生は自分のことを嫌いだからレポートに低い評価をつけるのだ」、あるいは、「自分の授業の問題点を指摘する先生は自分のことや自分の方法が嫌いだからそうするのだ」というチャッターが生まれたりもします。それでも頑張ろうとすると、他の大学の先生の教科書から、自分の見方や考え方、方法を支えてくれそうな主張をそのまま取り入れてレポートに書いたり、有名な教育実践家の授業方法をそのまま真似て実践したりすることで自分を守ろうとすることもあります。この努力をきっかけに、チャッターから離れてそれまでの自分の努力の方向性の限界を感じ取り、視野を広げることができればよいのですが、前述のチャッターにとらわれ続けると自分を認めてもらうために「自分ではない誰かのようにならねばならない」という新たなチャッターに動かされることがあります。自分ではない誰かができているように見えるものには多くの場合、理想化された幻想が含まれています。

この理想化された幻想を目標として追いかけても、誰かの主張や方法をそのまま真似ている限り目標に到達することはできません。それにもかかわらず理想化された幻想を追いかけ続けるのは、一時的には「自分は目標に向かっている」という安心感が得られるからです。しかし、現実の自分の姿を見つめると、どんなに頑張っても、きちんとできていないのではないかという不安感や、それでもきちんとやらなければという責任感からくる継続的なプレッシャーに見舞われます。だから、自分に不安やプレッシャーをもたらすチャッターから逃れるためにますます理想化された幻想を追いかけ続けることになります。

もちろん、理想化された幻想を追いかける努力は、当初自分を成長させる方向に働くこともあります。しかし、次第に幻想を追いかけても前に進めている安心感がもてなくなり、不安感やプレッシャーの方が強くなってきます。すると、他の誰かの主張や方法に新たな理想化された幻想を見つけて追いかけることで安心感を得ようとします。チャッターにとらわれると、心の底に不安やプレッシャーを抱えながら次々と「正解」をもっている誰かを探し求めることで一時的な安心感を求める事態に陥りがちです。しかし、本来私たちが求めている教育における「正解」は、誰かがもっているものではなく、私たち一人ひとりと子どもたちとの間で創り上げていく過程で得られるものです。

自我発達段階とチャッター

チャッターは子どもの頃からの生育過程での経験から生まれて、次第に増殖していくものであること、チャッターにとらわれるとさまざまな不安やプレッシャーを感じながら理想化された幻想を追いかけ続けてしまうことについて説明してきました。生育過程での経験から生まれるチャッターの内容には、発達段階毎に共通点があるのではないかと考えられます。

特に、ジェーン・レヴィンジャーが確立し、スザンヌ・クックグロイターが発展させた自我発達段階論は、私たちが経験を捉えて意味を見いだす際の規則的な発展を具体的かつ詳細に示しているため、生育過程の各段階で私たちに共通に生まれやすいチャッターとその克服方法を発見する手掛かりになります。

そこで、自我発達段階の各段階における見方や考え方の特徴と、その段階で経験することで後の段階に進むための発達課題、そしてその発達課題を十分に経験できないためにその経験にこだわり続けたり、逆に経験することを拒否したりする場合に生まれがちなチャッターについて考察してみたいと思います。

自己防衛的段階

自己防衛的段階は、通常、養育者の世話に完全に依存している状態から抜け出す2～3歳頃に最初に到達しうる段階です。この段階では、周囲の環境は安全か危険か、そして自分の欲求が通るかどうか、といった事柄に焦点化された「わたし」の視点（第一者的視点）から周囲の環境や人々を捉えます。この段階の発達課題としては、自分の欲求が満たされ、養育者が自分をいたわり、ケアやサポートを提供してくれることを通して他者を信頼する経験、そして、養育者との関係の中で自分から行動を起こして欲求を満たす経験、さらに養育者との

表1 スザンヌ・クックグロイターの自我発達段階

自我発達段階	他者や社会の捉え方の特徴
自己防衛的段階（強力な第一者的視点）	自分の欲求が通るかどうかを捉える（自分の視点のみで捉える）
規則志向的段階（第二者的視点）	他者が自分をどのように見ているかに気づく（自分の視点か相手の視点のどちらか一方で捉える）
順応的段階（拡張した第二者的視点）	内と外の二種類の他者を対立的に捉える（自分と相手の両方の視点で捉える）
自意識的段階（第三者的視点）	自己と他者を独自の違いを持った異なる人物として捉える（自分と複数の他者の視点で捉える）
良心的段階（拡張した第三者的視点）	自己と他者の関係について過去を振り返ったり，未来を展望したりする（自分と複数の他者の視点を文脈的に捉える）
個人主義的段階（第四者的視点）	「客観的」な判断が不可能であることに気づき，自身がその中で成長した価値体系の外に立つ視点を持つ（自分の価値体系を対象化して捉える）
自律的段階（拡張した第四者的視点）	自己を複数の文化的視点あるいは生涯の時間間隔における複数の世代の視点から捉える（自分の価値体系と他の価値体系の両方の視点で捉える）
構築自覚的段階（第五者的以上の視点）	自己や世界に関する事象について複数の世界観を関連づけた視点や人類共通の枠組みの観点から捉える（複数の価値体系を関連づけて捉える）
一体的段階（鑑賞者の視点）	すべての視点を統合的に捉える（すべての価値体系を対象化して捉える）

安心し信頼できる関係の土台の上に他者との間で自分から行動を起こして欲求を満たしたり満たせなかった欲求に対処したりする経験をすることが挙げられます。

幼少期にこれらの経験が十分にできなかったためにこれらの経験を得ることにこだわり続けた場合、自分の欲求を満たすために相手を力づくで動かそうとしたり、逆に相手から利用されることを恐れて自分の弱みを見せないため外見をよく見せて虚勢を張ろうとしたりすることがあります。

相手がどこまで自分の欲求を満たしてくれるかを確認しようとして無理な要求をしたり、自分の要求を満たしてくれない相手を拒否したりすることもあります。逆に、幼少期にこれらの経験が十分にできなかったためにこれらの経験を得ることを拒否することもあります。この場合には、他者との間で自分の欲求を満たすことをあきらめて自分の中に引きこもり、自分でつくり出した空想の世界に生きようとしたり、物質や人間以外の生物の世界に生きようとしたりすることがあります。

通常この段階は十分に言葉を話せるようになる前に通過するため、この段階のチャッターは明確に言語化できません。漠然とした支配欲や怒り、あるいは恐怖や恐れ、不安といった形で現れますが、その原因は目の前にいる他者や状況に投影された形で認識されます。

規則志向的段階

規則志向的段階は通常、4~6歳頃に最初に到達しうる段階です。この段階ではそれまでの「わたし」の視点（第一者的視点）に加えて、新たに「あなた」の視点（第二者的視点）、すなわち相手が自分をどのように見ているのか、という見方、考え方が現れます。この段階にある人々は目の前の相手から自分はどう見えるのか、自分の行動で相手がどう感じるか、といった「あなた」の視点に立つことができます。しかし、自分の欲求や感情が強いときには相手のことを考えず「わたし」の視点だけで行動してしまうように、「わたし」の視点と「あなた」の視点を同時には捉えることができません。

この段階の発達課題としては、社会的な慣習や規則を見つけ、それらを守ることで周囲の人々に自分を受け入れてもらったり好意をもってもらったりすることを通して他者を信頼する経験、信頼できる大人の支えを受けながら自分の行動で相手がどう感じるかを適切に捉えて相手にとって適切な行為と不適切な行為を区別する経験が挙げられます。

幼少期にこれらの経験が十分にできなかったためにこれらの経験を得ることにこだわり続けた場合、自分に構ってくれて話を聴いてくれる相手を探し回ってその相手に過度に依存的な行動をとることがあります。さらに、周囲の人々の目を自分に引き付けるためにあえて周囲の人々から嫌われる行為や社会的に不適切な行為をすることもあります。逆に、幼少期にこれらの経験が十分にできなかったためにこれらの経験を得ることを拒否することもあります。この場合には、他者に頼ることをせずに一人で独自のやり方で行動することがあります。また、他者をサポートすることで孤独感を埋めようとしますが、他者からのケアやサポートを受け取ることが苦手で問題を一人で抱え込んでしまうこともあります。

この段階で多くの人々に生まれるチャッターとしては、本来自分がしたいことを「しなければいけない」と捉えるチャッターや、「○○が起きる（例：黒猫が前を横切る）と悪いことが起きる」といった誤った因果規則に関するチャッターが挙げられます。また、幼少期に発達課題にかかわる経験が十分にできなかった場合には、「誰も自分に関心をもってくれない」、「誰も自分のことを理解してくれない」「自分一人で頑張らなければ」「他者に頼ってはいけない」といったチャッターが生まれることもあります。

順応的段階

順応的段階は通常、小学校低学年から中学年の頃に最初に到達しうる段階です。この段階では、第二者的視点が拡張して「わたしたち」と「彼ら」に分化します。すなわち、それまで単独の「あなた」と捉えていた第二者的視点が「わたし」と同じ外見で同じ行動をする「わたしたち」と、「わたしたち」とは異なる行動や外見をもつ「彼ら」に区別されるようになります。そして、「わたし」は「わたしたち」にとけ込んで同一視されるとともに、「彼ら」は「わたしたち」とは異なっていて対抗するものという捉え方になります。

この段階の発達課題としては、集団の規則や目的を仲間と共有し、それらに従って行動することで集団の一員として認められ、集団の中に自分の居場所を見出す経験、集団の一員として自分の役割を果たすことで集団に貢献する経験、集団の仲間と互いに支えあうことで集団の目標を達成する経験が挙げられます。

これらの経験が十分にできなかったためにこれらの経験を得ることにこだわり続けた場合、自分の欲求を押し殺してでも集団の規則や目的に合わせなければならないと考え、その考えを自分や他者に押し付けることがあります。また、集団の規則や目的に合わない行動をとる人を許せず、罰を与えたり集団から排除したりすることもあります。一時的にでも自分が集団の中にいるという安心感を得ようとして、あえて内集団の仲間の誰かを無視あるいは排除したり、外集団を敵視したりすることもあります。逆にこれらの経験が十分にできなかったためにこれらの経験を得ることを拒否した場合、自分の欲求を押し通して集団の規則を破ったり、集団から離れて一人で行動したりすることがあります。

この段階で多くの人々に生まれるチャッターとしては、「（周囲の人々から求められる通りに）きちんとしなければならない」「周囲の人々と異なる言動や外見をしてはならない（するのは恥ずかしい）」「自分が周囲から悪い（わがままだ）と思われるのではないか」といった忖度を迫るチャッターが挙げられます。また、発達課題にかかわる経験が十分にできなかった場合には、「自分たちと違う言動や外見の人が許せない（気に入らない・わがままだ）」「集団の規則や目的に沿わない人は協調性（常識）がない」「自分たちと違う言動や外見、立場や意見をもつ人は敵だ（排除すべきだ）」といったチャッターが生まれることもあります。

自意識的段階

自意識的段階は通常、小学校中学年から中学生の頃に最初に到達しうる段階です。この段階で第三者的視点が現れ、自分や他者の言動を振り返るようになります。そして、自他の言動の背景にある気持ちを捉えて表現し始めますが、表現された気持ちは言動との関係でパターン化された「〇〇すると××な気持ちになる」といった形式的な理解に留まっています。また、抽象的な概念を扱うことができるようになり、他者とは異なる自分の個性や考え、欲求を強く主張するようになります。そして、自分の見方や考え方の正しさにこだわって異なる意見を無視したり反論したりする傾向も強くなります。さらに、物事を進める方法や手順を完璧にすることへのこだわりから、自分や他者にプレッシャーをかけることもあります。その一方で、自他の言動を振り返ることで、自分や他者の長所や短所を理解し始めます。

この段階の発達課題としては、自分の意見や考えを自分の言葉で表現することで自分の主張のよさを他者から認められる経験、自分の長所と短所を客観的に見つめて判断し、長所を生かしたり短所を補ったりする行動ができていることを他者から認められる経験、他者の言動について、その意図や背景を捉えて判断した内容に応じた行動ができていることを他者から認められる経験が挙げられます。

これらの経験が十分にできなかったためにこれらの経験を得ることにこだわり続けた場合、自分にとって不利な事実や情報を無視して一部の限定的な状況でのみ成り立つ正しさを主張し続けることがあります。また、自分の短所を認めずに自分の長所だけを過度に強調して主張し続けることもあります。他者の言動についてもその一部分を切り取って判断し、極端に高い評価や低い評価をすることもあります。逆にこれらの経験が十分にできなかったためにこれらの経験を得ることを拒否した場合、権威者や専門家の主張を引用して自分の意見を代弁させたり、自分の短所だけを過度に強調して自己卑下したりすることがあります。

この段階で多くの人々に生まれるチャッターとしては、「自分は正しくて相手が間違っている」といった自己正当化のチャッター、「他者と同じ意見（外見、行動）ではいけない」、といった個性を主張するチャッター、「（手順や方法が）完璧でなければいけない」という手順や方法に関する完璧主義のチャッターが挙げられます。また、発達課題にかかわる経験が十分にできなかった場合には、「相手は自分が嫌いだから反対意見を述べている」「敵の主張はすべて間違っている」「自分への批判はすべて印象操作だ」「権威者や専門家の主張はすべて正しい」「（完璧でない）自分はダメだ」といったチャッターが生まれることもあります。

良心的段階

良心的段階は通常、小学校高学年以降に最初に到達しうる段階で、二十世紀の学校教育の目標とされていた段階です。この段階では第三者的視点に時間的視点が加わることで過去と未来の自分や人間関係について考えを巡らせることができるようになります。そして、将来の夢や未来の目標を自ら設定し、時間をかけて達成しようとする傾向が強くなります。自分の言動のよい点と悪い点を同時にとらえることができ、他者の言動と内面の因果関係についてその他者の個性についての理解を踏まえて適切に推測できるので、身近な人間関係のトラブルを起こすことが少なくなります。合理的な思考能力や科学的な思考能力が高まり、発見された自然や社会の法則に基づいて望ましい未来の姿を計画し、実現しようとします。

この段階の発達課題としては、目標を立てて適切な見通しをもって行動できていることが認められる経験や、他者の適切な内面理解に基づいた判断や行動ができていることを認められる経験、内面化された社会の価値観に則して自分の欲求を表現し、実現できていることが認められる経験が挙げられます。

これらの経験が十分にできなかったためにこれらの経験を得ることにこだわり続けた場合、計画通りに進まない状況を失敗と捉えて責任を感じ、自分の努力不足や能力不足を責めることがあります。他者との人間関係のトラブルについても自分の努力不足や能力不足を責めたり、自分の性格的な問題と捉えたりすることがあります。そして、自分の適性や欲求とは無関係に社会的に高く評価される目標に向かって努力し続けるため、十分な成果をあげられずに自尊感情を低下させることもあります。逆にこれらの経験が十分にできなかったためにこれらの経験を得ることを拒否した場合、事前に準備をしたり計画を立てたりすることを拒否することがあります。そして努力を拒否したり、社会の進歩や発展を拒否する懐古主義に走ったりすることもあります。また、他者や社会に責任転嫁したり、社会の価値観に従うことを拒否したりすることもあります。

この段階で多くの人々に生まれるチャッターとしては、「努力しなければいけない」「計画通りに進めなければならない」「目標を達成しなければならない」「社会に貢献しなければいけない」といった達成主義的なチャッター、「他者の気持ちを理解しなければいけない」「先を見通して行動しなければいけない」「常に進歩、発展し続けなければいけない」といった予測や結果に関する完璧主義のチャッターが挙げられます。また、発達課題にかかわる経験が十分にできなかった場合には、「もっと頑張らないといけない」「（悪い出来事に対して）自分のせいではないか」「（成果があがらないことに対して）自分の能力が足りないから」「自分の性格に問題があるのではないか」といった自尊感情を低下させるチャッターが生まれることがあります。さらには、「自分は何もできない」「自分はいない方がよいのではないか」といった自己否定的なチャッターに至ることもあります。

個人主義的段階

個人主義的段階は通常、自分の生まれ育った社会環境とは異なる社会環境にいる人々と接触することで到達しうる段階です。この段階では第四者的視点、すなわち、自分が生まれ育った社会環境で共有してきた見方、考え方や価値観から離れて、それが社会の外からどう見えるか観察する視点が現われます。現実の出来事は、見る人の立場によって受けとめ方が異なること、そして、そのため完全に客観的な視点は存在しないことに気づくようになります。その結果、欲求や意見、好み、価値観の多様性を認め、少数意見も尊重しようとします。

この段階の発達課題としては、自分とは異なる見方、考え方、価値観に触れることで自分の視野が広がる経験や、自分の生まれ育った社会環境の価値観にはよい面と課題の両方があることに気づく経験、自分とは異なる見方、考え方、価値観にもよい面と課題の両方があることに気づく経験が挙げられます。

これらの経験が十分にできなかったためにこれらの経験を得ることにこだわり続けた場合、多様な意見を尊重しようと意見を聞き続けて具体的な行動を起こせなくなることがあります。

また、自分の生まれ育った社会の価値観を否定して異なる社会の価値観のよさを強く主張することもあります。さらに相対主義的な見方にとらわれて、すべての意見や価値観を尊重しなければならないとする相対主義の価値観を絶対化する自己矛盾に陥ることもあります。

逆にこれらの経験が十分にできなかったためにこれらの経験を得ることを拒否した場合、異なる社会の価値観の課題や悪い点を非難して自分の生まれ育った社会の価値観のよさを強く主張することがあります。すべての見方、考え方、価値観は相対的なのだから、何かを主張しても意味がないと受け止めたり、何でもありだと受け止めたりすることもあります。

この段階で多くの人々に生まれるチャッターとしては、「みんな違ってみんないいのだから意見に優劣をつけてはならない」「すべての意見を聴かなければならない」「少数意見は常に尊重されなければならない」といったものが挙げられます。また、発達課題にかかわる経験が十分にできなかった場合には、「すべての意見を聴くまでは意思決定してはならない」「自分の生まれ育った社会の価値観はすべて間違っている」「少数派の意見を聴かない者は許してはならない」といった相対主義的なチャッターや、「異文化や異民族を排除すべきだ」「自国の文化こそが素晴らしい」といった自文化中心主義的なチャッター、「道徳は不要だ」「人間や人生には何の価値もない」といった虚無主義的なチャッターに至ることもあります。

自律的段階

自律的段階は相対主義を克服した視点を獲得することで到達しうる段階です。この段階では拡張した第四者的視点、すなわち、自他の経験を複数の世界観から捉えたり、生涯にわたる時間感覚の中で捉えたりする視点が現われます。グローバルな社会の中で多様な見方、考え方や価値観をもつ人々すべてが自己決定・自己選択できるよう成長し、自分らしく意味のある人生を送ることができるよう支援することを大切にするようになります。そのために一見対立する見方、考え方を目的や状況に応じて使い分けたり、互いに補い合うものとして併用したりするようになります。

この段階の発達課題としては、まず自分のこれまでの人生における発達の過程を振り返った上で生涯にわたる視野から自分の人生の意味づけとさらなる成長や発達の道筋を見出す経験が挙げられます。そして、自律的段階に至るまでのすべての自我発達段階の人々の存在意義を認め、各段階の人々の特徴や発達課題を踏まえながら成長のための支援をする経験、心と体、理性と感情、意識と無意識、主観と客観など対立的に捉えられてきたものを統合する経験が挙げられます。

これらの経験が十分にできなかったためにこれらの経験を得ることにこだわり続けた場合、

自分の人生の意味づけや発達段階の知的理解にとらわれて具体的な行動を起こせなくなることがあります。また、自他の成長にとらわれることで、成長には時間がかかることや成長を妨げる要因を見落とし、成長しないことに苛立ちを覚えることもあります。逆にこれらの経験が十分にできなかったためにこれらの経験を得ることを拒否した場合、自律的段階以前の各自我発達段階にいる人々を批判したり、発達することの困難さのみを強調したりすることがあります。さらには、自分自身の自我発達段階の成長を目指そうとするあまり身体的な欲望を否定することで心と体を統合する厳しい修業に励んだり、その反動から身体的欲望にとらわれてしまったりすることもあります。

この段階で多くの人々に生まれるチャッターとしては、「人は常に成長し続けなければならない」「人は自分の人生の意味を見いだし、使命を果たさねばならない」「対立するものは常に統合的に捉えられなければならない」といったものが挙げられます。また、発達課題にかかわる経験が十分にできなかった場合には、「安易に発達段階を先に進もうとしてはならない」「生涯にわたる発達を目指そうとしないのは愚かだ」「より発達段階が高い人が社会を支配すべきだ」といったチャッターが生まれることもあります。

各自我発達段階のチャッターを比較すると、良心的段階で自分にプレッシャーをかけて自尊感情を引き下げるチャッターが最も多く生み出されていることが明らかになります。

チャッターの拡大再生産を防ぐために

他者の攻撃に向かうチャッター

各自我発達段階で生まれるチャッターは後の段階へ発達しても継続し、後の段階で生まれるチャッターと複合的に働くようになります。たとえば、順応的段階の「(周囲の人々から求められる通りに)きちんとしなければならない」というチャッターと良心的段階の「努力しなければいけない」「目標を達成しなければならない」というチャッターが複合的に働くと、与えられた課題にきちんと取り組もうと休まず熱心に努力することになります。しかし、そこには常に「きちんとできていないのではないか」という不安をもたらすチャッターや「きちんとやらなければ」というプレッシャーをかけるチャッターが働いています。少しでも課題を達成できていないと感じると、「自分の能力が足りないから」「自分はダメだ」というチャッターが生まれて自尊感情が低下します。

「(自分はこんなに頑張っているのに)誰も自分のことを理解してくれない」という規則志向的段階のチャッターや「相手は自分が嫌いだから反対意見を述べている」といった自意識的段階

のチャッターが残っている場合には、相手に対して反抗したり攻撃的な言動をとったりすることにつながりやすくなります。このような攻撃性は弱い立場にある他者への「指導」の形をとることもあります。その結果、教師や親になって周囲の期待がプレッシャーに感じられたとき、子どもたちにも自分と同じようにきちんとすること、努力し続けることを強いて子どもたちを追い詰めてしまうことになりやすいです。さらに、きちんとできない子ども、努力しているように見えない子どもに対して「(自分はこんなに頑張っているのに)なぜできないの?」という怒りが湧いて、過剰な指導をしてしまうことも起こり得ます。

このようなとき、私たち自身が子どもだった頃に当時の親や教師から言われた不適切な言葉や指導の仕方がモデルとなって、それらと同じ言葉や指導の仕方をしてしまいがちです。たとえ、大学での教職課程の授業や教師になってからの研修で、そのような言葉や指導を子どもたちにすることが子どもたちに望ましくない結果をもたらすことを学んで知っていたとしても、チャッターに支配されてしまうと不安や苛立ちからくる無意識の情動に基づく直観的判断を理性が正当化してしまうのです。社会心理学者ジョナサン・ハイトは、『社会はなぜ左と右にわかれるのか：対立を超えるための道徳心理学』で、人は道徳的な判断を行う際、「何が正しく、何が間違っているかについて直観を得たあとで、その感覚を正当化しようとする」と述べています。情動に基づく道徳的な直観は多くの場合、何が正しく、何が間違っているかについて正確で素早い判断を行うことができます。しかし、私たちがチャッターによってネガティブな情動に動かされているときには、道徳的な直観は誤った判断をしやすくなり、しかも誤った判断をしていても理性がそれを正当化してしまうのです。ハイトは道徳や政治の論争を例に挙げて、私たちの正義心は「いとも簡単に戦闘モードに入ってしまう」と述べています。これは、チャッターで言えば、順応的段階で発達課題にかかわる経験が十分にできなかった場合に生じる「自分たちと違う言動や外見、立場や意見をもつ人は敵だ」というチャッターに動かされている状態です。

子どもに対するマルトリートメント

近年、学校の教師による不適切な指導がSNS上で問題にされたり、マスコミで報道されたりすることが多くなりました。客観的に見れば不適切だと判断される教師の言動や指導が、当事者である教師には正しいこと、よかれと思ってやっていることと捉えられてしまう背景には、チャッターからくるネガティブな情動が誤った道徳的な直観をもたらし、それを理性が正当化してしまうメカニズムが働いていると考えられます。川上康則氏の『教室マルトリートメント』では、子どもを問い詰めたり脅したり見捨てたりする言葉や特定の子どもとのかかわりを拒否する言動など、「教育現場における指導者による不適切なかかわりや本来であれば避けるべきかかわり」を「教室マルトリートメント」と定義し、その具体例と問題を示した上で予防策や改善策を論じています。『教室マルトリートメント』には学級で実際に使える具体的な改善策も示されているので、ぜひ読んで実践していただきたいと思いますが、より根本的な原因となっている自分のチャッターを理解し、その影響を少しずつ減らしながらチャッターとよりよくつきあうことも大切です。

チャッターによるネガティブな情動や感情は、その場にいる子どもたちに伝染することも知っておく必要があります。脳波から感性を分析する装置を開発した満倉靖恵氏は『「フキハラ」の正体：なぜ、あの人の不機嫌に振り回されるのか？』で、同じ部屋に不機嫌な人がいると、その人と特に会話をしなくてもその人の脳波と同調してストレス度を示す脳波が周囲にいる人々に伝わっていくことを明らかにしています。不機嫌な顔をした教師が教室に入ってくるのを見て怒鳴られるのではないかとピリピリして身構える状況は、子どもの頃に誰でも一度は経験したことがあるのではないかと思います。満倉氏が「フキハラ」、すなわち「不機嫌ハラスメント」と呼んでいるように、教師がチャッターからくる自分のネガティブな情動や感情を自覚せずに、そのまま教室に行って子どもたちにネガティブな感情を伝播させてしまうことも教室マルトリートメントの一例と言えるでしょう。

武田信子氏は『やりすぎ教育：商品化する子どもたち』で、「子どもたちが自分の生きる世界を理解し把握するために学びたいという、真の人としての成長発達のニーズではなく、大人の将来への不安や欲望から強制的に学ばせられる状態」を「エデュケーショナル・マルトリートメント」と呼んでいます。そして、社会全体の歪んだ教育観から「大人が子どもを育てるために役立つ行為だと信じているか、一時的にやむを得ないことだと考えているか、そうする以外に方法を知らない、あるいはないと思い込んでいる」こと、「子どもに対する共感性が不足し、人権を尊重しない行為」が行われていることに警鐘を鳴らしています。武田氏が述べている「大人の将来への不安や欲望」は、「受験学力の有無によって将来の年収すなわち幸不幸が決まる」という二十世紀の競争主義的で成果主義的な社会観と「間違えてはいけない」「もっと頑張らないといけない」などの良心的段階までのチャッターがもたらしたものです。子どもが「強制的に学ばせられる状態」は、このようなチャッターが身についた大人や教師たちが、将来の社会に対する不安や欲望から子どもたちに自分の世代よりもさらに強力なチャッターを生み出している状態と言えるでしょう。

武田氏は、親や教師が遊びや休息、睡眠を犠牲にさせながら強制的に学力や能力を高めることを「エデュケーショナル・マルトリートメント」、社会全体で子どもを商品化したり搾取の対象としたりすることを「社会的マルトリートメント」と呼んで、社会的マルトリートメントがエデュケーショナル・マルトリートメントを含み込む形で捉えています。武田氏の主張からは、経済的な成功こそが幸福に至る「正解」であり、その「正解」につながる学力や技能を効率よく身につけさせる方法についても「正解」が一律に存在すると考えることが社会的マルトリートメントにつながっていることが読み取れます。このような「正解」が一律に存在し、それを追求すれば予測通りの未来が実現するという発想には、二十世紀に行われていた良心的段階までの発達を目指す教育が私たちの中に生み出したチャッターの影響が色濃く表れていると考えられます。

二十一世紀の社会は、VUCA時代と呼ばれるように変化が激しく、不確実で、複雑かつあいまいな状況において「正解」が存在しない課題に取り組み続けていく時代と言われています。不確実さや変化に対する不安から良心的段階までの発達を目指す教育にしがみついて、子どもたちにもチャッターを拡大再生産してしまう状況を克服することは、子どもたちが自分らしく幸福に生きるためにも、そして、大人や教師も自分自身が抱えるチャッターを乗り越えて自分らしく幸福に生きるためにも、緊急に取り組むべき課題となっています。

教師が学び続ける内容の質的変容

これまで受けてきた教育によって既にチャッターが身についている人々が教師になる場合、自分自身のチャッターを克服するとともに、子どもたちへのチャッターの拡大再生産を防ぐために何をどのように学べばよいでしょうか。

自分のチャッターを克服するために、まず、自我発達段階と社会の発展過程の関係からこれからの社会の発展の方向性を知ることが必要です。自我発達段階の研究によって個人の見方、考え方や欲求のあり方には人類共通の発達法則があることが明らかになっています。そして、各時代に特定の地域に暮らす人々の平均的な自我発達段階が後の段階へと進むことと社会の発展との間には相関関係があると考えられます。このことと、先に述べた二十世紀の教育において良心的段階までの発達が目標とされてきたことから、良心的段階の後に続く自我発達段階の見方、考え方がこれからの社会の発展の方向を規定する可能性が高いことが予想されます。このことについては第2章で具体的に説明していきます。

次に、現在の自分の自我発達段階の重心と発達課題の経験状況を確認することが必要です。第2章で詳しく説明しますが、自我発達段階はマトリョーシカ人形のような入れ子型の構造で、前の段階を超えて含む形で外側へと発達していきます。私たちは一つの発達段階だけに属するのではなく、場面や状況によって複数の自我発達段階の見方、考え方や欲求を用いていますが、その中でも現在頻繁に用いている見方、考え方から自我発達段階の重心を知ることができます。自分の自我発達段階の重心となる段階を含めてその内側にある各段階の発達課題について十分に経験できているか確認することで、これまで意識化されていなかったチャッターに気づくことができます。自分のチャッターを意識した上でそれらを克服する視点を知ることができれば、チャッターを超えて自分らしく生きるための具体的な努力の方向性を明確にし、実践することができます。このことについては第3章でなりたい教師像の例を参考にしながら確認することができます。

子どもへのチャッターの拡大再生産を防ぐために、まず、理想とする子ども像の中に、子どもの将来の発達を妨げるチャッターが含まれていないか確認し、それを超えて子どもの発達を促す視点を知って実践に移すことが必要です。このことについては第4章で例を参考にしながら確認することができます。そして、教師としての目標の中に含まれる自分らしく生きることを妨げるチャッターと自分らしく生きようとする魂の声を聴き分けて、自分らしさを活かせる目標を設定する必要があります。このことについては第5章で例を参考にしながら目標設定をすることができます。さらに、教師も子どもたちも自分らしく生きることを目指す学級や学校づくりに向けて、本来目指している教師像と理想とする子ども像をより具体化する必要があります。その際に、第6章で示すこれからの教育の在り方と教師に求められる役割の変化についての新しい発達論の視点からの考察と教師としての理想や目標を再設定するためのチェックポイントが参考になるでしょう。そして、最後に教師と子どもたちのチャッターを減らすためのチャッターとの付き合い方についての手掛かりとチャッターを完全に克服する可能性について示します。

まとめると、本書ではこれからの社会において教師が学び続ける内容として、まず、教師が自らのチャッターを自覚し、超えるための学習が挙げられます。具体的には自我発達段階と社会の発展過程の関係から社会の発展の方向性を知ること、自分の自我発達段階の重心と発達課題の経験状況を確認すること、自分のチャッターを意識した上でそれらを克服する視点を知ることを通して、チャッターを超えて自分らしく生きるための具体的な努力の方向性を明確にし、実践することです。

次に、子どもへのチャッターの拡大再生産を防ぐための学習が挙げられます。具体的には、理想とする子ども像に子どもの将来の発達を妨げるチャッターが含まれていないか確認し、それを超えて子どもの発達を促す視点を知って実践に移すこと、教師としての目標に含まれるチャッターと自分らしく生きようとする魂の声を聴き分けて、自分らしさを活かす目標を設定すること、教師も子どもたちも自分らしく生きることを目指す学級や学校づくりに向けて、目指す教師像と理想の子ども像を具体化することです。

これらの学習と実践の具体的な内容は自我発達段階の重心が後の段階へと進むにしたがって、変化していきます。そのため、本書の内容は、教員養成段階、初任段階、初任から数年たった段階と数年おきに繰り返し見直して、自身の教師としての見方、考え方の成長や自我発達段階の重心の移動を確認することが大切です。

column 01
教育的愛情とマルトリートメント

教育哲学者の苫野一徳氏は『愛』で、愛の本質は相手の存在によって私の存在意味が充ち溢れているという感情と、それでいて相手を決して自分の思い通りにしたりしない意志という一見両立しがたいものを両立させた状態であると述べています。特に教育では相手を決して自分の思い通りにしようとしない意志がなければ単なる調教であると言い切っています。苫野氏の主張に基づけば教育的愛情とは、あたたかく見守りながら必要に応じてよさや可能性を引き出す支援をすることで子どもが成長しつつある姿を喜ぶ感情と、子どもの意思や権利を尊重して決してそれに反する強制をしない意志が両立した状態と言えます。

しかし、現実には、このような教育的愛情を抱き続けることは困難で、教師や親はしばしば自分の思い通り動かない子どもを力ずくで動かしたくなる欲求にかられます。また、教室マルトリートメントのような不適切な指導が「子どものために」行われてきたことも事実です。それに、禁止や強制を一切行わずに子どもたちを指導することは不可能です。

では、教師は、教育的愛情の高い理想と教室マルトリートメントの状態に陥りやすい現実との間でどう折り合いをつけていけばよいでしょうか。まず、教師を目指す人は基本的に子どもが好き、あるいは、指導する教科の学習活動が好きな人が多いと思います。苫野氏によれば、「好き」と好きな対象それ自体を大切に思う気持ちを一定期間継続する中で「愛着」が生まれるけれども、その際、自分の欲望にこだわってしまうと「愛着」が「執着」になって、「愛」に育てることができなくなります。「愛着」を「愛」に育てるにはナルシシズム、すなわち自己不安を打ち消そうとする利己的な欲求が障害となるため、あるがままの自分を承認することでナルシシズムを克服し、人格的に成長する必要があります。教育的愛情を育てることに当てはめれば、まず教師になりたい動機に含まれる「好き」という気持ちを明確にし、好きな対象それ自体を大切に思う気持ちを育てることが大切です。そのとき、チャッターから生じる不安に動かされて自分が本当に大切にしたいことを見失わないよう意識することで子どもの成長や教師の仕事に対する愛着を育てる必要があります。そして、子どもの成長や教師の仕事に対する愛着を教育的愛情に育てるために、チャッターから生じる不安に動かされて自分の欲望にこだわり過ぎてしまわないよう意識し続けることも必要になります。

私たちは、しばしばチャッターの声を自分の欲望と誤解して本来の自分の願い、すなわち魂の声を見失いがちです。チャッターの声と魂の声を聴き分けることで教師や大人があるがままの自分の姿や願いを承認すること、すなわち自己愛を育むことが子どもたちに対する教育的愛情を育む基盤となります。詳しくは、後の章で扱いますが、ここではチャッターから生じる不安に動かされて自分の欲望にこだわりそうな場面を思い出し、チェックリストの各項目について「よくある」「時々ある」と思うものにチェックを入れましょう。チェックがついた項目について、もしもそのようなことがなかったとすればその場面で自分はどうするか、そういう自分になれたらどんな教師になりたいか考えてみましょう。

チャッターのチェックリスト（よくある・時々あるものにチェック）

□周囲の目が気になることがある
□無理に周囲に自分を合わせようとすることがある
□自分の意見を発言するのをためらうことがある
□自分と異なる意見を最後まで聞かずに否定することがある
□自分の意見の正しさを主張して話し合いが決裂することがある
□周囲の人々に自分の好みや考え、意見が受け入れられず腹を立てることがある
□物事が計画通りに進まないときに自分の責任を感じることがある
□あるべき姿から外れている自分や他人の姿に腹を立てることがある
□想定通りに物事が進まない場合に不安を覚えることがある
□失敗したり間違えたりしたときに自分を責めることがある

第2章

chapter-2

生涯学び続ける教師になるために

発達段階のパラダイムシフトを知る

従来の発達段階論に潜む支配被支配の構造：ピラミッド構造とホラーキー構造

第1章ではクックグロイターの自我発達段階論に触れて各段階の特徴を概略的に説明しました。この自我発達段階論は、二十世紀の学校教育を支えてきたジャン・ピアジェの理論に代表される乳幼児期から青年期までの発達段階論とは異なる見方、考え方を基盤にしています。ピアジェが基礎を築いた乳幼児期から青年期までの発達段階論は、二十一世紀になってマルトリートメントの問題を生み出すことにつながっていると思われます。

二十一世紀の学校教育や教師の在り方を考えていく上で、クックグロイターの自我発達段階論の背景にある発達段階のパラダイムシフト、すなわち発達段階を捉える見方、考え方の変化を理解することは必須になると考えられます。このパラダイムシフトの特徴は、従来の見方、考え方を捨てて新たな見方、考え方に変化するのではなく、従来の見方、考え方を「超えて含む」ことで、新たな見方、考え方を示すとともに従来の見方、考え方を捉え直す方法も示すことにあります。そこで、本章では、新しい発達段階論が従来の発達段階論を超えることで現れた新たな見方、考え方と、従来の発達段階論を含み込むことで見えてきた従来の見方、考え方の捉え直し方について説明します。

●ピラミッド構造とホラーキー構造

まず、従来の発達段階論の見方、考え方について、ピアジェの認知発達段階を例にピアジェの説が人々にどのように捉えられたか説明します。ピアジェによれば0～2歳の時期は感覚運動期、2～7、8歳の時期は前操作期、9～11、12歳の時期は具体的操作期、12歳以降は形式的操作期とされています。これらの段階は階層になっており、前の段階は次の段階に統合される形で質的に変化すると捉えられています。この捉え方では、前の段階は一定の年齢に達するとより高度な能力を備えた後の段階に取って代わられることになります。そして成人の年齢になると認知的な能力が成熟して「発達」と呼ばれる質的な変化はなくなり、経験年数を積み重ねることで量的に成熟していくと捉えられてきました。

これに対して生涯発達心理学者のやまだようこは、人間は生涯にわたって発達し続ける可能性があると捉えています。そして、従来の青年期までを中心とする発達段階論は、後の段階が前の段階に優越する進歩主義的な見方とそれを支えるピラミッド型のヒエラルキー構造の捉え方を生み出したと指摘しています。

さらに、意識の発達について古今東西の研究成果を統合的に整理したケン・ウィルバーは

『インテグラル心理学』で発達段階にはピラミッド型のヒエラルキー構造と入れ子型のホラーキー構造があることを明らかにしています。ウィルバーによれば、たとえば、自己を同一化する対象についての発達段階では、身体、ペルソナ（社会的な役割）、自我、心身統一体、魂の順に同一化の対象が移行して、前の段階の状態が完全に消えてしまうヒエラルキー構造になっています。たとえば、自己の認識対象は、3歳頃までは身体と同一化していますが、その後は親に対する「子」、弟に対する「姉」、さらには所属する組織などのペルソナと同一化し、次第に固有の性格や価値観を含む自我と同一化するようになります。すなわち、自己とは「〇〇学校教諭の〇〇〇〇」といった社会的な役割だと捉えている人は、それを失うことを自分がなくなることのように恐れますが、自己とは〇〇な性格や価値観をもった「わたし」という意識のことだと捉えるようになれば、社会的な役割にこだわることはなくなります。

これに対して、自己に備わる機能的な能力の発達段階は、一時的に以前の段階に戻ることで土台となる部分を立て直し、後の段階への発達を確かなものにすることがあり、可逆的でらせん状に循環する発達になっているとウィルバーは述べています。先に述べたように自己を同一化する対象については不可逆的に発達しますが、たとえば、自我と同一化している段階でも、自己の機能的能力については、自己紹介する際に「夫」や「妻」といったペルソナを用いたり、自信を失った場合に筋トレをして身体的特徴に基づいて自信を回復したりすることがあります。このように前の段階を道具的に用いたり一時的に前の段階に退行して心の土台を立て直そうとしたりすることがあります。前の段階の特徴が次の段階の内部に含まれていて状況に応じて前の段階の特徴を道具的に用いたり、一時的に前の段階に退行することで立て直しを図ったりできる構造をウィルバーはホラーキー構造と呼んでいます。

ピラミッド型のヒエラルキー構造では、各段階は上下関係で示されるため、上位にくる後の段階が下位の前の段階に取って代わって支配するように捉えられがちです。実際、従来の発達段階論では後の段階になるにつれて能力が高くなり一定の年齢に達して完成した大人は最も能力が高いと捉えられています。その結果、発達の過程で年齢に対応した発達段階に達していない子どもや成人の年齢に達しても認知能力が成熟していない成人、さらには高齢になって認知能力が衰えた人は、何らかの障害を抱えているため、健常な成人の社会に適応するための支援が必要だと捉えられてきました。この捉え方には、認知能力が成熟した成人がピラミッドの頂点に立って社会の在り方を決め、その状態に達していない人々は支援を受けながら、その社会に適応できるよう努力しなければならないという形で認知能力の発達段階の上下関係を支配被支配関係で捉える見方が含まれています。

入れ子型のホラーキー構造では、各段階はマトリョーシカ人形のように前の段階が内側にあって、後の段階は前の段階を包み込んで外側に現れます。そして、後の発達段階が前の発達段階を超えて含むことで前の発達段階の見方、考え方を道具として使えるようになること、自身の発達段階の外に自身からは見えない後の発達段階があり、内には過去に経験した発達段階があることが前提とされます。これらのことから自身が達している最も後の発達段階から最も前までの各発達段階を共存可能な相互依存関係と捉える見方が含まれています。

　クックグロイターの自我発達段階論では、ある人物が到達している最も後の発達段階でその人の自我発達段階を評価していますが、実際には場面や状況によってそれより前の複数の発達段階の見方、考え方を示すことがあると捉えられています。そして、ある人の自我発達段階がより後の段階へと進む際には、その人が到達可能な最も後の発達段階が先に発達し、それより遅れて

取って代わる

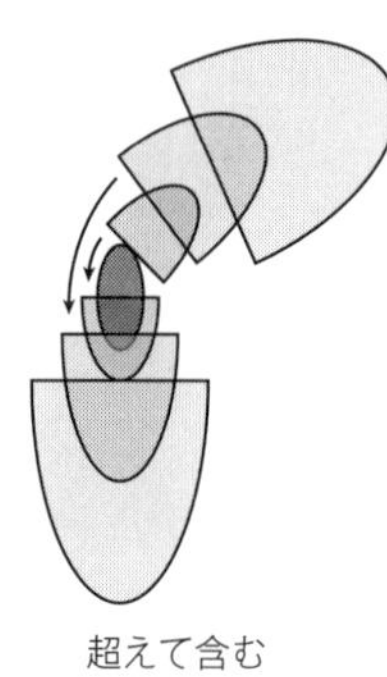

超えて含む

図2-1 ヒエラルキー構造とホラーキー構造

その人が日常生活の中で最も多く用いている見方、考え方が属する発達段階の重心がゆっくりと発達していくと考えられます。そのため、本書では、自我発達段階の評価に際して、その人が到達している「最も後の発達段階」と日常生活で最も多く用いている「発達段階の重心」の両方を用いることを提案しています。

●超えて含む

自我発達段階の各発達段階における見方、考え方の特徴について第1章で概略を説明しました。ここでは、各発達段階を健全に超えて含むことで後の発達段階に進むことについて説明します。第1章で最初に説明した自己防衛的段階の前には、まだ自己意識が生まれる前の外界と自己が未分化な象徴的段階と、生理的な欲求を中心とする衝動と一体化している衝動的段階があります。自己防衛的段階に発達すると、養育者の世話に完全に依存する状態から抜け出して、自分の欲求を養育者や周囲の人々に表現する形で自分の衝動を対象化し始めます（＝自分の衝動を超える）。そして、養育者がケアやサポートを提供してくれ、自分の欲求が満たされることで安心できる基盤の上に、他者との間で自分の欲求が満たせたり満たせなかった欲求に対処したりする経験の中で次の規則志向的段階への発達が生じます。

規則志向的段階に発達すると、対象化された衝動は社会的な慣習や規則を守ることで周囲の人々から受け入れられ、認められたい欲求へと統合され始めます(＝自分の衝動を周囲から認められたい欲求に含む)。そして、社会的な慣習や規則を守ることで他者から受け入れてもらい、他者を信頼する経験の基盤の上に、信頼できる大人の支えを受けながら自分の行動で相手がどう感じるかを理解し、相手にとって適切な行為と不適切な行為を区別する経験の中で次の順応的段階への発達が生じます。

順応的段階に発達すると、前の二つの発達段階で対象化された衝動は、集団内の人々から受け入れられ、認められることで集団に帰属したい欲求へと完全に統合されます(＝自分の衝動と周囲の人々から認められたい欲求を集団に帰属したい欲求に含む)。その結果、「わたし」は「わたしたち」と一体化した状態になり、集団の規則や目的を無条件に受け入れてそれに従った行動をすることで集団の中に自分の居場所を見つけようとするようになります。このとき、自分の欲求を満たそうとする衝動は集団の規則や目的に適合する形で満たしたり、適合しなければ抑制したりできるようになります。すなわち、それまで自分と一体化していた自分の欲求を満たそうとする衝動を超えて含むことで、目的や状況に応じて用いたり用いなかったりできる道具として衝動を扱えるようになります。そして、集団の一員として自分の役割を果たすことで集団に貢献する経験や仲間と互いに支え合うことで集団の目標を達成する経験をする中で次の自意識的段階への発達が生じます。

自意識的段階に発達すると、それまで自分の集団と一体化していた自分の個性や意見、考えを周囲の他者とは異なるものとして表現することで対象化するようになります（＝集団の一員としての「わたし」でありたい欲求を超える）。そのため、それまでは集団の中で共有されている考え方や表現をそのまま用いていましたが、そこから自分独自の考えや表現を用いて周囲とは違う自分を表現しようとするようになります。それに伴って内省も始まり、自他の言動の背景にある気持ちを「うれしい」「悲しい」のような定型パターンで表現し始めます。そして、自分の主張のよさを他者から認められたり、自分の長所と短所を客観的に見つめて判断し、長所を活かしたり短所を補ったりする行動ができていることを他者から認められたり、他者の言動の意図や背景も含めて判断してそれに応じた行動ができていることを他者から認められたりする経験の中で次の良心的段階への発達が生じます。

良心的段階に発達すると、個性や意見、考えをもった自己は、自分が生まれ育った社会の主体的な形成者へと統合されます（＝集団の一員としての「わたし」でありたい欲求を自分の個性を生かして社会を形成したい欲求に含む）。その結果、社会の慣習や規範を内面化し、その範囲内で自分の個性や意見、考えを活かしながら自分の理想や目標を実現するために主体的に生きることができるようになります。そして、集団の一員でありたい欲求を満たすために自分の個性や意見、考えを発揮することもあれば、集団の理想や目的と合わない場合には自分の個性や意見、考えを抑制することもできるようになります。すなわち、それまで自分と一体化していた集団の一員でありたい欲求を超えて含むことで、目的や状況に応じて用いたり用いなかったりできる道具として、集団の一員でありたい欲求を扱えるようになります。それに伴って、自分の言動のよい点と悪い点を同時に捉えることができ、他者の言動と内面の因果関係についてその他者の個性についての理解を踏まえて適切に推測できるようになります。そして、目標を立て、適切な見通しをもって行動できていることが認められたり、他者の適切な内面理解に基づいた判断や行動ができていることが認められたり、内面化された社会の価値観に則して自分の欲求を表現し、実現できていることが認められたりする経験の中で、その経験に疑問を抱いたり、そのような経験ができない人々の存在に気づいたりすることをきっかけに次の個人主義的段階への発達が生じます。

個人主義的段階に発達すると、自分の個性を生かして社会を形成したい欲求を対象化するようになります（＝自分の個性を生かして社会を形成したい欲求を超える）。それまで自己と一体化しており、当たり前と感じていた社会の慣習や規範を外から見つめ直すことで、社会の慣習や規範に適応できない少数派の存在に気づき、少数派の意見を理解し始めます。現実の出来事は、見る人の立場によって受けとめ方が異なること、そして、そのため完全に客観的な視点は存在しないことに気づくようになり、欲求や意見、好み、価値観の多様性を認めるようになります。それに伴って、自分の価値観のよい面と悪い面を同時に捉えることができるようになります。そして、自分とは異なる見方、考え方、価値観に触れることで自分の視野が広がる経験や、自分の生まれ育った社会環境の価値観にはよい面と課題の両方があることに気づく経験、自分とは異なる見方、考え方、価値観にもよい面と課題の両方があることに気づく経験の中で、次の自律的段階への発達が生じます。

自律的段階に発達すると、自分の個性を生かして社会を形成したい欲求は、多様な価値観をもつ人々すべてが自己決定・自己選択できるよう成長し、自分らしく意味のある人生を送れる社会を形成したい欲求に統合されます（＝自分の個性を生かして社会を形成したい欲求をすべての人々が自己決定・自己選択できる社会を形成したい欲求に含む）。そして、一見対立する見方、考え方を目的や状況に応じて使い分けたり、互いに補い合うものとして併用したりすることができるようになります。すなわち、それまで自分と一体化していた自分の個性を生かして社会を形成したい欲求を超えて含むことで、多様な人々の異なる個性を生かした自己決定・自己選択ができる社会を築くために自分の個性を生かす場面と自分とは異なる他者の個性を生かすために自分の個性を抑制したり自分の個性を広げたりする場面を使い分ける形で、自分の個性を生かして社会を形成したい欲求を道具として扱えるようになります。

ここでは、各自我発達段階の中心的な欲求を例に「超えて含む」状況について説明しました。各発達段階に特有の見方、考え方についても「超えて含む」までは無自覚的に用いており、後の発達段階に進んで対象化され、統合されることによって前の発達段階の見方、考え方を意識的に道具として用いたり用いなかったりすることができるようになります。なお、クックグロイターの自我発達段階は自律的段階の後にも二つの発達段階（構築自覚的段階と一体的段階）が挙げられており、レヴィンガーの自我発達段階より一段階多い区分になっています。この点についてクックグロイターは、レヴィンガーが集めたデータには構築自覚的段階の人が含まれていなかったか、レヴィンガーがその発達段階に到達していないために発見できなかった可能性があることを指摘しています。しかし、レヴィンガーの研究は１９６０年代に、クックグロイターの研究は１９８０年代に実施されており、その間の社会の発展も原因となっている可能性があります。レヴィンガーとクックグロイターの自我発達段階論は数千人の成人を対象に実施した記述テストのデータを基にしていますが、古今東西の発達段階論を調査、統合したウィルバーの研究では、クックグロイターの一体的段階以降にもさらに複数の発達段階が存在することが示されており、自我発達段階についても社会の発展に伴ってさらに新たな発達段階が発見される可能性があります。

年齢とともに発達段階が進むとは限らない：発達段階の逆転現象と社会組織の発達段階

●従来の発達段階論における年齢主義の問題

従来の、青年期までを中心とするヒエラルキー構造で捉えられてきた発達段階論では成人になると完成する前提でしたが、ホラーキー構造の自我発達段階論では従来完成とみなされてきた発達段階は通過点で、さらに発達し続ける可能性があることが明らかにされています。しかも、クックグロイターの成人を対象にした調査研究によれば、現実には成人にも良心的段階より前の発達段階にある人々が多数存在することが明らかにされています。このことは、単に年齢が上昇するにつれて発達段階が後の段階へと進むとは限らないことを示しています。

先にも述べたように、青年期までを中心とする従来の発達段階論では、各発達段階に到達する時期を年齢で示してきました。その背景には発達段階は不可逆的に進むと捉えられていることと、ある人が属する発達段階は一つであると捉えられていることがあります。この捉え方によって、ある年齢や学年に達した子どもは、その年齢で到達しているはずの発達段階に属する能力が備わっていなければならず、その基準に達していない子どもは何らかの障害を抱えているとする見方が広がった可能性があります。

これに対して自我発達段階論では、各発達段階のうち、最初のいくつかの段階については、現代の社会において多くの子どもが最初に到達する時期の目安を示していますが、それ以降の段階については、最初に到達する時期はその人の生育環境や社会的な影響、そしてその人自身の選択によって異なる上に、生涯到達しないこともあるため到達時期の目安を示すことができません。さらに到達した最も後の発達段階は不可逆的に進みますが、発達段階の重心は社会的環境や状況によって前の段階に移動することもあります。実際に、ある学年の子どもたちの言動を自我発達段階の観点から分析すると、到達した最も後の発達段階について小学校低学年で2〜3段階、小学校中学年以降では4段階以上の異なる段階の特性を示します。また、小学生の頃に個人主義的段階に到達していると評価された子どもが中学校では良心的段階の言動を示していた事例もあり、（授業の内容や進め方の影響にもよりますが）発達が後退しているように見えることもあります。このように発達段階は、ある場面や状況の中で捉えられた目安であって環境や状況が変われば異なる段階の特性を示す可能性があります。また、発達段階の進み方についても一律に年齢や学年で決められるものではなく、その人が家庭や社会で経験してきた環境や状況によって大きく異なる可能性があります。

さらに、一定の発達段階でその後の発達段階への進行が停止する人と、さらに後の発達段階へと進行する人が存在することから考えて、発達段階の病理現象がその後の発達段階への進行を停止させている可能性が想定されます。クックグロイターは自我発達段階の各発達段階における発達過程で示される特性と病理現象による特性を区別していないためあくまで仮説ですが、一つの説を立てることができます。それは、第1章で説明した各自我発達段階の発達課題にかかわる経験が十分にできなかったことによって、それらの経験にこだわりを抱いたり、逆にそれらの経験を拒否したりする発達の病理現象と、そこから生まれるチャッターが、発達の停止をもたらしているというものです。

たとえば、規則志向的段階の発達課題にかかわる経験が十分にできず、その経験を得ることにこだわり続けた場合には、自分を構ってくれる相手を探し回ってその相手に依存したり、周囲の人の目を自分に引き付けるためにあえて周囲の人々に嫌われる行為や社会的に不適切な行為をしたりします。そのため、「わたし」が「わたしたち」と同一視される順応的段階に進むことが困難になりがちです。逆に、発達課題にかかわる経験を拒否した場合も、他者に頼らず独自の行動をしたり他者からのケアやサポートを受け取ることができなかったりするため、順応的段階に進むことが困難になりがちです。もちろん、発達課題にかかわる経験にこだわったり拒否したりしている人々すべてが次の順応的段階に進めなくなるわけではありません。チャッターは特定の場面や状況において生じることが多いので、チャッターが生じる原因となる特定の場面や状況を経験することが少なければ、次の発達段階に進める可能性が高くなります。しかし、次の順応的段階でも同様に、集団の目的を仲間と共有し、それに従うことで集団の一員として認められ、集団の中に自分の居場所を見つけたり、集団の一員として自分の役割を果たして集団に貢献したり、仲間と支え合うことで集団の目標を達成したりする経験が十分にできず、その経験にこだわったり、逆にその経験を拒否したりしてしまう可能性が高くなります。こうして発達段階における病理現象やチャッターが複数積み重なることで発達段階を先に進めなくなり、発達が停止することになると考えられます。

このような病理現象やチャッターの積み重なりは、個人的な経験によるものもありますが、社会的な影響による部分も大きいと考えられます。そのため社会組織の発達段階、すなわち、組織の人間関係を通して起こります。人間は社会的な生き物なので発達も社会組織の人間関係を通して起こります。私たちが生活する社会組織を構成する人々の発達段階の重心や組織の指導的立場にある人々の発達段階の重心は、各発達段階に対応した組織のモデルを生み出して、私たちの発達の進行や停止、後退に大きな影響を及ぼすと考えられます。

社会組織の発達段階については、フレデリック・ラルーがウィルバーの発達段階論に基づいて『ティール組織』で主に企業などの組織運営の観点から組織の発達段階について論じています。本書では、ラルーによる組織の発達段階とクックグロイターの自我発達段階を踏まえながら学級や学校の発達段階に適用する形で説明します。

●衝動型組織運営

ラルーは人類最初の社会組織として約1万年前に成立した単純農法を行う部族社会の組織モデルを衝動型組織と呼んでいます。衝動型組織の特徴は力を使って組織を統率し、目に見える成果を求めることです。ここで言う「力」には、能力だけでなく、人格的な影響力も含まれており、リーダーに対する尊敬や畏敬の念によってメンバーを動かしていく側面もあります。当初の衝動的組織は、自我発達段階では自己防衛的段階の人々が中心となって構成された組織と考えられます。現代の学校や学級がこの段階にあることは、まれですが、部活動などで圧倒的な技量をもつ教師がスパルタ教育で実力をつけて試合に勝たせる運営をしているとすれば衝動型組織運営の可能性があります。この場合、部員たちは教師の圧倒的な技量に少しでも近づこうと努力しますが、それを超えようとしたり教師の指導方法以外の練習方法を工夫しようとしたりすることは考えられなくなりがちです。衝動型組織運営では、リーダーが他のメンバーとの力の差とリーダーの力による目に見える成果を明確に示すことによって組織が成り立っています。副作用として、力の差や成果を示せなくなれば組織が崩壊してしまうことと、リーダーに対する畏敬による支配は恐怖による支配に変わってしまいやすいことが挙げられます。そのため、衝動型組織運営が効力を発揮するのは、圧倒的な能力をもつリーダーが比較的少数のメンバーの個性や能力を活かして短期的な成果をあげた後に解散する場合だと考えられます。学校で言えば、部活動などで外部から実績のあるコーチを招いて選抜チームの指導をしてもらって大会出場を目指す場合などが考えられます。

●順応型組織運営

古代国家が生まれてから現代の官僚制組織に至るまで続く組織モデルが順応型組織です。順応型組織の特徴は、秩序の維持と前例踏襲により安定した運営を目指すことと、役割と権限を定めて規則に従ってトップダウンで決められたことをその通りに実行することが求められることです。当初の官僚制組織は、自我発達段階では順応的段階の人々が中心となって構成された組織と考えられます。身近では、小学校低学年の学級運営では順応型組織の特徴がみられることがあります。子どもたちが、なぜその規則があるのか、そのやり方が望ましいのか、自分自身で考えないままに教師が決めた規則ややり方に従って行動しているとすれば、順応的段階から後の段階への発達が困難になってしまいます。また、順応型組織運営の副作用として「わたしたち」のやり方に従わない人々や「わたしたち」とは異なる考え方をする人々を敵視したり排除したりする傾向が表れやすいことが挙げられます。そのため、学級が順応型組織運営の状態で、自己防衛的段階の子どもが力によって学級のリーダーシップを握ったり、自意識的段階の子どもが自己正当化によって学級のリーダーシップを握ったりした場合には、学級でいじめが発生する可能性が高くなります。そのため、順応型組織運営が効力を発揮するのは、入れ替わりのある大人数の集団で定型的な業務を行う必要がある場合だと考えられます。学校で言えば、入学式などの学校行事を定型的に運営する場合が考えられます。

●達成型組織運営

西洋社会で啓蒙主義と産業革命の時代に入って広がった組織モデルが達成型組織です。達成型組織の特徴として、常に改善、改革を目指す進歩主義と個人の能力を効率よく高めようとする実力主義、そして未来を予測した通りに実現しようとするＰＤＣＡサイクルによる運営が挙げられます。当初の達成型組織は自我発達段階では自意識的段階から良心的段階の人々が中心となって構成された組織と考えられます。小学校中学年から高校の学級運営で子どもたちの学力や資質・能力などを効率よく高めようとする場合に達成型組織の特徴がみられます。教師や大人が立てた目標が本当に子どもたち自身にとって大切なことなのか、選択した目的や方法が適切なのかを子どもたちとともに考えないままに子どもたちを忙しく活動させている場合、教師や大人が将来の社会に対する不安や欲望から子どもたちのチャッターを増殖させることでその後の段階への発達を困難にしてしまう可能性があります。また、達成型組織運営の副作用として、第1章で紹介した、親や教師が遊びや休息、睡眠を犠牲にさせながら強制的に学力や能力を高めるエデュケーショナル・マルトリートメントが生じ、それに耐えきれずに不登校になった子どもたちを社会から排除してしまいやすいことが挙げられます。そのため、達成型組織運営が効力を発揮するのは、能力や達成度が明確に測定でき、個人の努力によって確実に技能を高めることができる課題を達成するという目標を全員で共有し、競争的に取り組ませて目標達成度に応じた報酬を与えることができる場合だと考えられます。これまでの学校教育で言えば、運動会の運営や上位学校の入学試験のための学習活動を行う場合が考えられましたが、現在の我が国では全員で目標を共有することが困難になったり、活動のやりがいあるいは上位学校への合格が報酬として機能しなくなったりしつつあります。これからの学校教育で達成型組織運営が効力を発揮するのは、社会生活での必要性が共通了解されうるファシリテーションのスキルやプレゼンテーション・動画編集・ＨＰ作成による自己表現のスキルなどを高める学習活動を行う場合になっていくのではないかと考えられます。

●多元型組織運営

二十世紀後半から二十一世紀にかけて地域社会の課題に取り組むＮＰＯ団体などで広がった組織モデルが多元型組織です。多元型組織の特徴として、順応型組織と達成型組織がピラミッド型のヒエラルキーによるトップダウンの意思決定であったのに対して、多元型組織はメンバーに権限を委譲してボトムアップの意思決定を行うこと、リーダーとメンバー全員で共有できる価値観と目的を設定すること、組織内外の関係者全員の幸福のために互いの違いを認め合い支え合うことが挙げられます。成功しているＮＰＯ団体などの多元型組織は自我発達段階では個人主義的段階の人々が中心となって構成された組織と考えられます。子どもたちが主体となって学級目標を設定し、互いの個性や特性を活かしながら学級運営を行い、教師は子どもたちの活動に助言や支援を行う学級づくりを行っている場合には多元型組織の特徴がみられます。多元型組織運営の副作用として、メンバー全員の多様な考えや価値観を平等に尊重しようとするあまり、意見が対立した場合に意思決定ができないままに時間だけが過ぎてしまったり、すべての意見を平等に扱うことで過度に自己中心的な意見や極端な意見に意思決定が動かされてしまったりすることが挙げられます。そのため、多元型組織運営が効力を発揮するのは、メンバー全員が組織の価値観と目的を共有し、互いの個性や能力のよい面と課題を理解して目標達成のために支え合うことができる場合だと考えられます。学校教育で言えばプロジェクト学習や探究学習について事前に活動を通して何を学んでどうなりたいか、目的を全員で共有し、子どもたち全員がそれぞれの個性を発揮しながら取り組める課題を設定して学習活動を行う場合が考えられます。

●進化型組織運営

ラルーが現時点での組織の進化の最終段階としている組織モデルが進化型組織です。進化型組織の特徴として、組織自体を生命体のように生きる目的やなりたい姿をもつ存在として捉えること、組織の活動をとおしてメンバーや組織外の関係者がつながりを育みつつ全員がなりたい姿へ成長していくことをとおして自分らしく生きることを目指すこと、取り組みたい課題に対して課題解決の必要感を抱いた人々がその都度チームを組んで自主的に課題解決にあたるためメンバー全員で活動状況や必要な情報を共有していることなどが挙げられます。進化型組織の一形態であるホラクラシーは2007年に米国のホラクラシーワンという企業で導入されましたが、発達段階の捉え方と同様のホラーキー構造で組織を運営しています。具体的には人と役割を切り離した上で、役割や協力が必要だと誰かが感じた場合、チーム内でミーティングを行い、提案者が問題と解決策を提案した後、ファシリテーターがメンバー全員に意見を自由に述べる機会を与えてなるべく反対意見の少ない形に修正した形で役割を決めていきます。決められた役割も環境の変化に応じてメンバー全員が幸福に活動できるよう柔軟に修正していきます。ホラクラシーのような進化型組織は自我発達段階では自律的段階の人々が中心となって構成された組織と考えられます。

また、ラルーは進化型の学校組織の例としてドイツの私立中高一貫校ESBZを挙げています。ESBZではすべての生徒が少人数のグループを組んで自主学習の形で教科学習を行います。教師は生徒の学びのサポート役としてアドバイスや問いかけをします。また、プロジェクト授業では生徒は自分でやりたいことを考え、必要に応じて学外者と協力して活動を実施します。生徒は教科学習やプロジェクト授業などの進捗状況を記録し、教師に報告します。我が国でもN高等学校で同様の学習活動が行われていますが、教師はメンターと呼ばれ、学習活動のファシリテーターや生徒の学びのコーチとしての役割を果たしています。

ラルーは触れていませんが、進化型組織運営の副作用として、チャッターが複数積み重なっているメンバーが多い場合には後の段階への発達が停止してしまうために活動が形骸化したりメンバーがドロップアウトしたりすることになりやすい点が挙げられると考えられます。そのため、進化型組織運営が効力を発揮するのは、メンバー全員が自分の発達課題と向き合ってチャッターを克服しながら後の発達段階へ向かい続ける活動を互いに共有し、支え合うことができる場合だと考えられます。学校教育で言えば、教師も子どもたちもそれぞれの自我発達段階の重心を自覚し、超えて含むことができていない発達課題と向き合うことでチャッターを克服しながら成長に向かう活動を互いに共有し、支え合いながら、教師も子どもたちも自分らしく生きることを目指す学級づくりや学校づくりを行う場合が考えられます。

ラルーは「どんな組織もリーダーの発達段階を超えて進化することはできない」と述べています。学級で言えば、学級運営の発達段階は教師の発達段階の先へ進むことができません。子どもたちは学級運営の発達段階の先へと進むことはできず、ある子どもの発達段階の重心が既に学級運営の発達段階の先へと進んでいた場合、子ども自身が自分の発達段階を退行させる形で学級に適応するか、あるいは、学級からドロップアウトすることになりがちです。学校や学級が達成型組織までの段階に留まっていることがエデュケーショナル・マルトリートメントを生み出している状況からみて、これからの教師は少なくとも個人主義的段階への発達を目指すことが必要と考えられます。もちろん、実際の学級運営では子どもたちの発達段階や状況に応じて順応型組織や達成型組織の運営方法を用いた方がよい場合もありますが、最終的には多元型組織や進化型組織の運営方法を目指す見通しをもっておく必要があります。

発達段階の進んだ人が支配するとは限らない：基底段階の生命力と後発段階の包容力

組織がリーダーの発達段階を超えて進むことができないとすれば、発達段階が最も後の段階に進んでいる人物を組織のリーダーにするとよいという結論になります。しかし、実際の社会では必ずしもそうではなく、前の発達段階に重心がある人がリーダーになっている事例も多く見られます。これは発達段階のホラーキー構造がもつ性質によるものと考えられます。

発達段階のホラーキー構造では、先の段階を超えて含みながら後の段階が現れます。そのとき、先の段階の衝動や欲求に対するこだわりを手放すことで、より広い視野から状況を捉え直しながら目的に応じて先の段階の衝動や欲求を道具として用いることができるようになります。自我発達段階において自己意識が生まれる前の象徴的段階は第1章の図1－1に示した脳の多重ループシステムの破線の楕円の内側部分で無意識のうちに自分の生命維持にとってポジティブかネガティブかを素早く判断して反応する内側のループ部分に対応していると考えられます。その後の生理的欲求を中心とする衝動と一体化している衝動的段階はその外側のループ部分に対応しており、自分の生命維持にとってポジティブなものを求め、ネガティブなものを退ける衝動を泣いたり叫んだりして意識的に表現する形で生理的欲求を抱くようになります。この段階から生まれた意識は生理的欲求と完全に一体化しているため、生理的欲求をコントロールすることができず、逆に生理的欲求に動かされるままに全身全霊をささげて生理的欲求を表現します。次の自己防衛的段階に進むと周囲の環境が安全か危険か、そして自分の欲求が通るか通らないかに意識の焦点を当てるようになります。そして、生理的欲求を一時的に手放して周囲の環境の探索をしたり自分の欲求が通らない場面で生理的欲求の充足を求めることを延期したりすることができるようになります。これは図1－1の外側のループのさらに外側に新たなループができ、自己意識は外側のループ、すなわち安全な環境や自分の欲求が通る状況を求める欲求と一体化しながらも、必要に応じて一つ内側の生理的欲求のループを道具的に用いることができる状態になったと言えます。これ以降の発達についても同様に、発達が起きる度に外側に新たなループができて自己意識は外側のループの欲求と一体化しながらも、必要に応じて内側の複数のループの欲求を道具的に用いることができるようになると考えられます。このことをマズローの欲求階層説と自我発達段階の対応関係を含めて示したものが図2－2です。

このように発達段階のホラーキー構造を多重ループ構造として捉えると、前の段階にいる人の方が後の段階にいる人に比べてより生命維持にかかわる身体感覚に近いために切実で強い基底的な欲求に動かされて行動していることが明らかになります。そして、後の段階に進むほど基底的な欲求の充足を延期したり別の方法で対処したりするなど、より広い視野から包容力をもって周囲の人々や環境と柔軟に折り合いをつけていくことができるようになることも明らかになります。赤ん坊が泣いていたら周囲の人々は何とかして欲求を満たせるようにしてあげないといけないと感じたり、生命の危険にさらされている人を見たら助けてあげないといけないと感じたりするように、前の基底的な段階にいる人々の欲求には周囲の人々を動かす強い生命力があります。これに対してより後発的な段階にいる人々の欲求には、たとえば自律的段階の人々のように多様な見方、考え方をもつすべての人々が自分らしく意味のある人生を送れるようになってほしい、といった周囲の人々を

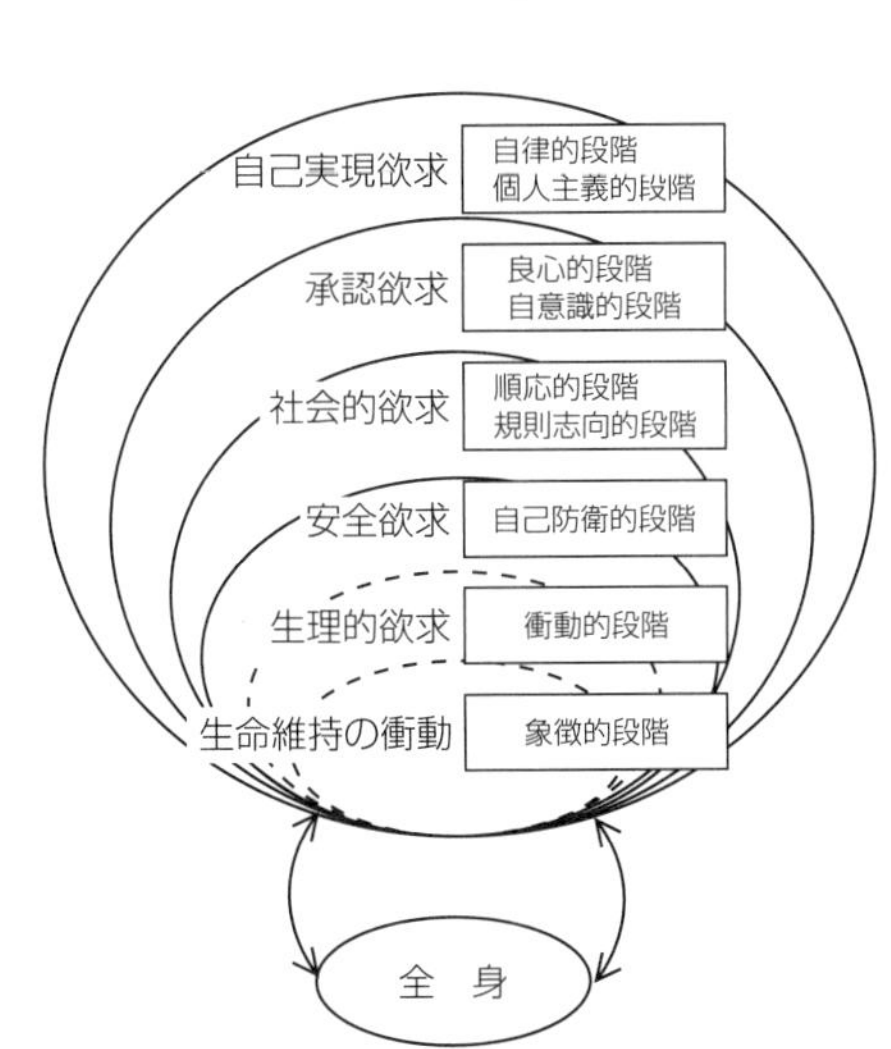

図2-2　衝動や欲求の多重ループ構造（マズローの欲求階層説と自我発達段階の対応関係）

包み込む包容力があります。

組織運営の発達段階と併せて捉えれば、より基底的な段階にいる人は強い生命力を用いてトップダウン形式で組織を運営する傾向が強くなるのに対して、より後発的な段階にいる人は包容力を用いて組織の人々の力を生かすボトムアップ形式で組織を運営する傾向が強くなります。さらに後発的な段階に進むとトップダウンとボトムアップを目的や状況に応じて使い分けられるようになります。

私たちの心の中にチャッターが多い場合、生命や安全な環境の維持を脅かすネガティブなものに対する不安や恐怖に動かされやすいので、より基底的な段階にいる人がリーダーとなって潜在的な危険を排除し、安全を守ってくれることを強く願うことになりがちです。そのような状況でリーダーとなった人物が、組織の安全を脅かす敵がいるとメンバーに告げればメンバーの多くがそれを信じて「敵」を排除したり攻撃したりすることになってしまいます。これは太平洋戦争当時の我が国やウクライナに侵攻したロシアの人々のような遠い出来事ではなく、私たちの身近でも常に起こりうる問題です。たとえば、学級の子どもたちの心の中にチャッターが多く、しかも受験などによるプレッシャーから不安を感じている場合、より基底的な段階にいる子どもがリーダーとなって学級の中に「敵」をつくり出すことで、集団による排除、すなわち、いじめを生み出すことになりかねません。これは教師同士の関係においても同様です。しかし、より基底的な段階にいる人がリーダーとなり、強い生命力を用いてトップダウン形式で組織を運営している場合でも、メンバーの自我発達段階の重心が個人主義的段階以降にあればリーダーの判断や指示を相対化して捉えることで場合によってはリーダーの指示に従わない可能性があります。メンバーの自我発達段階が個人主義的段階以前の段階に重心がある場合でも、チャッターによる影響が少ない人であればリーダーの指示を受けても不安や恐怖から動かされることは少なくなります。また、リーダーの判断や指示自体がメンバーの生存や安全を脅かすと多くのメンバーから判断されれば集団からリーダーが排除される可能性もあります。そのため、教師自身や子どもたちの生理的欲求や安全欲求が脅かされることのない心理的な安全性が保たれていることとチャッターの存在を自覚した上で減らしたり克服したりすることが安定した学級運営を行うための前提条件となります。

——発達段階が進めば人間関係の問題は解決するか?：分化の段階の逆転現象

組織運営における人間関係を自我発達段階で捉えると、より後発段階に重心がある人々が多くなれば組織における人間関係の問題が解決するように思われますが、実際には必ずしもそうとは言えません。クックグロイターは後発段階が基底的段階よりもよいとは限らないのでモード段階、すなわち社会の発達段階毎の人口の最頻値が属する発達段階まで発達するよう支援することが望ましいと考えています。モード段階を超えて後の段階に進んだ人は人間関係の問題を生み出している原因が見えますが、前の段階にいる当事者に伝えても理解してもらえず解決できない苦悩を抱えることになりがちです。そのため、モード段階を超えて後の段階に進んだ場合には周囲の人間関係から距離を置くことになりやすいと考えられます。

このことから学校教育で子どもたちの発達を促す際には将来のモード段階を想定する必要があると考えられます。クックグロイターは二十一世紀初頭の欧米社会のモード段階を自意識的段階から良心的段階と捉えています。我が国の場合、現在のモード段階は順応的段階から良心的段階にあると思われます。現在の子どもたちが社会を支える30年後には個人主義的段階を超えて進化型組織に対応する自律的段階がモード段階の視野に入ってくる可能性があります。モード段階は生活の中で実践できている状態、すなわち発達段階の重心の最頻値です。発達段階の重心と到達している最も後の発達段階の差は通常二段階程度、発達段階が一段階先に進むためには数年から10年以上かかる場合もあると言われています。そのため、現在の子どもたちが40歳代になるまでに発達段階の重心が自律的段階に達するには、学校教育で到達する最も後の発達段階の目標を自律的段階にすることが望ましいと考えられます。

また、クックグロイターは、各自我発達段階を統合の段階（順応的段階・良心的段階・自律的段階など）と分化の段階（自己防衛的段階・自意識的段階・個人主義的段階など）に分類し、統合の段階にある人々は自分の認知的、感情的な感覚に合った方法で人々とつながるので安定的になるのに対して、分化の段階にある人々はそれまでの環境から一歩引いて距離を置きながら新たに得た独立した感覚を主張するために人々とのつながりを失いがちで不安定になると述べています。実際、分化の段階のうち、自己防衛的段階はイヤイヤ期あるいは第一反抗期と呼ばれる2～3歳の子どもの自己主張が強くなる特徴と一致します。また、自意識的段階は第二反抗期と呼ばれる思春期の子どもが親や大人の思考や行動様式から離れて自分なりの思考や行動様式を確立しようとする特徴と一致します。そのため、発達段階が統合の段階から分化の段階に進むことで、それまでおとなしかった子どもが自己主張をしたり自分の欲求や感情をもてあまして周囲の人に当たったりするトラブルが多くなるため、一見すると退行しているように捉えられがちです。しかし、実際には分化の段階を経て初めて次の統合の段階に進めるため、分化の段階で生じるトラブルは必然的に起きるものと言えます。

さらに、先ほど述べたように今後の学校教育で自律的段階への発達を促すことを目標とした場合、自意識的段階に加えて個人主義的段階における人間関係のトラブルが発生することも想定する必要が生じます。また、現在の学校教育で自意識的段階から良心的段階にかけて生み出されやすいチャッターを減らしたり子どもたち自身がチャッターを克服できるようにしたりすることも必要となるでしょう。

——発達に終わりはあるか?：発達の「終わり」は病理現象

●チャッターの克服による生涯にわたる発達の可能性

では、チャッターを克服して発達段階をより後の段階に進んでいくとどうなるのでしょうか。クックグロイターによる自我発達段階の最後の段階は一体的段階とされていますが、ウィルバーはそれ以降に複数の発達段階が存在することを指摘しています。また、図2―2に示した欲求や発達の多重ループ構造が正しければ原理的には無限にループを増やしていくことが可能です。したがって、ホラーキー構造の発達には終わりはないことになります。

しかし、実際には大人になるまでに発達が停滞し、そのままになる人が多く見られます。

その原因は先にも述べたように所属する組織の発達段階が個人の発達段階より前の基底的な段階に留まっていることと、発達段階における病理現象によって複数のチャッターが積み重なることによると考えられます。そして、組織の発達段階はリーダーの発達段階によって規定されることから考えれば、各発達段階において発達課題を十分に経験できなかったために、その経験にこだわり続けたり経験することを拒否したりすることで生じる病理現象により根本的な原因を求めることができます。したがって、これまで発達には終わりがあると思われてきましたが、それは発達の病理現象による発達の停止状態であって、すべての人により後の段階へと生涯にわたって発達し続けることができる可能性があることが明らかになっています。

生涯発達し続けるために、まず自身のチャッターを自覚し、それがどの自我発達段階に対応するものか確認することが必要です。次に、その自我発達段階の発達課題とされる経験を補うとともにチャッターがもたらすこだわりを一旦手放した上でそれを超えて含む見方や考え方をより後の自我発達段階の見方や考え方に求めて実践してみることが必要です。次章以降では、学級のリーダーとなる教師あるいは教師を目指している人々のために、自身の教師像に含まれるチャッターについて、自覚を促し、どの自我発達段階に対応するか確認し、チャッターを超えて含む見方や考え方を示していきます。まずは、教師自身が自分のチャッターを克服する経験をした上で、子どもたちとともにチャッターを克服しながらともに成長、発達し続けることで教師も子どもたちも自分らしく生きることができる学級づくりをすることが大切です。そして学級づくりについても子どもたちの自我発達段階がより後の段階へと発達することを促すために、組織の発達段階も次第に後の段階へと進めることが大切です。

発達段階を後の段階に進むことと同時に現在の段階を十全に生きることの大切さ

ここまで自我発達段階をより後の段階へと進めることについて述べてきましたが、それはより後の発達段階の見方や考え方を知って可能な範囲で実践に移すことで「最も後の発達段階」を進めることと、日常生活でよく実践している見方や考え方が属する「発達段階の重心」をより後の段階へと進めることの両面から進めていくことになります。「最も後の発達段階」を進めることは比較的短期間で可能ですが、「発達段階の重心」を進めるためには、現在の重心がある自我発達段階における発達課題にかかわる経験を十分に行うことが必要です。「発達段階の重心」を急いで進めようとしてしまうとその段階の発達課題にかかわる経験が十分にできないために病理現象が生じてチャッターを増やしてしまうことにもなります。そのため、より後の発達段階の見方や考え方を知って可能な範囲で実践に移すことと同時に、現在の「発達段階の重心」の発達課題にかかわる経験を十分に行うことが大切になります。また、自分が置かれた組織環境の発達段階や状況が発達を促進する傾向にある場合には組織の中心に積極的にかかわっていき、発達を退行させる傾向にある場合には組織の周辺で距離をとってかかわったり組織を変えたりするなど、組織との距離の取り方を能動的に変えることも大切です。

column 02

社会の発達段階と教師に求められる資質・能力の変遷

我が国で学校教育が始まった明治時代から現在に至るまでの社会の発達段階のモード段階、すなわちその社会のさまざまな組織が属する発達段階が最頻値となる段階とその時代の教師像や教師に求められる資質・能力が示す自我発達段階の変遷をたどってみましょう。

1885年に出された師範学校令では教師に求められる資質として天皇や校長への服従と教師同士の連帯、子どもや親に対する威厳を指す「順良、親愛、威重（いちょう）」が挙げられています。この時代の社会のモード段階は衝動型組織であり、当時の教師に求められた資質・能力は力による支配と服従であることから自己防衛的段階に当てはまると考えられます。

第二次世界大戦後の1947年に日本教職員組合が結成され、教師の労働条件の改善や職場環境の向上、国の教育政策に対する批判や反対活動が行われました。戦後当初の時代の社会のモード段階は順応型組織であり、当時の文部省が教師に求めた資質・能力は法令や規定に従うことと考えられることから順応的段階に当てはまりますが、組合が労働者としての教師に求めた資質・能力は職場環境や国の教育政策の問題を批判して自らの正しさを主張することと考えられることから自意識的段階に当てはまると考えられます。

1966年にILO／UNESCO「教員の地位に関する勧告」が出され、「教育の仕事は専門職とみなされるべきである」として、教育における専門知識と技術の確立と教師の技術的熟達の制度化を目指すべきとされました。科学的で標準化された理論や技術に基づいて問題解決を行う技術的熟達者としての教師像が示された背景には当時の社会が理想とする段階が達成型組織であったことがかかわっていたと考えられますが、モード段階は順応型組織であったと考えられます。そして、技術的熟達者としての教師に求められる資質・能力は良心的段階に当てはまりますが、モード段階は順応的段階であったと考えられます。

2001年にドナルド・ショーンの原著の翻訳『専門家の知恵：反省的実践家は行為しながら考える』が出版されたことで、省察的実践家としての教師像が示されました。教育実践をしながら自らの実践の状況を省察し、想定外の状況にも柔軟に対応しながら実践を捉える見方や価値観を捉え直し続ける省察的実践家としての教師像が示された背景には、学びの経験を多義的に解釈することで子どもの多様性を尊重する多元型組織を理想とする状況がありましたが、実際には社会のモード段階は順応型組織か達成型組織であったと考えられます。そして、省察的実践家としての教師に求められる資質・能力は個人主義的段階に当てはまりますが、モード段階は順応的段階か自意識的段階であったと考えられます。

2021年の中央教育審議会答申「『令和の日本型学校教育』の構築を目指して」では社

会が急変し、複雑で予測困難な状況の中で自分のよさや可能性を認識し、多様な他者と協働しながら持続可能な社会の創り手となる子どもを育てるため個別最適な学びと協働的な学びを実現できる教師が求められるようになりました。この背景には組織の内外の関係者がつながりを育みつつ全員がなりたい姿へと成長することで自分らしく生きることと、課題解決の必要感を抱いた人々がチームを組んで主体的かつ創造的に取り組むことを目指す進化型組織を理想とする状況がありますが、実際には社会のモード段階は順応型組織か達成型組織に留まっていると考えられます。そして、個別最適な学びと協働的な学びを実現できる教師に求められるファシリテーターとコーチとしての資質・能力は自律的段階に当てはまりますが、モード段階は順応的段階から良心的段階に留まっていると考えられます。このように二十一世紀に入って理想とする発達段階とモード段階の差が広がっている原因は発達の病理現象にあると考えられるため、教師や子どもたちのチャッターの自覚と克服は急務と言えます。

第3章

chapter-3

どんな教師になりたいのか？

自分の発達段階の重心と陥りやすい課題を意識する

こだわりと大切にしたいことを切り離す

本章では、「どんな教師になりたいのか?」という問いに対する各自我発達段階でよく見られる回答例を示していきます。自我発達段階はホラーキー構造なので、通常は、誰もが現在到達している「最も後の発達段階」以前のすべての段階の要素を程度の差はあっても超えて含む形で抱いています。ただし、発達段階毎の病理現象がある場合には、その中のいくつかの段階の回答に対して拒絶したくなったり、逆に強いこだわりを感じたりすることがあります。第3章から第5章までは、頭だけで読むのではなく、一人になれる静かな場所で、自分が学校で子どもたちとそのように接している姿をイメージして心と体の感覚を捉えながら読むとよいでしょう。例①から順番に自分の中にどの程度その要素があるか、また、拒絶したい回答例や強いこだわりを感じる回答例がないかを確認しながら読み進めていきましょう。読み進めながら、今の自分に一番しっくりくる回答を探してみましょう。そこから先の回答は、恐らく知的には理解できるかもしれませんが、自分がそのような教師になっている具体的なイメージをもつことが難しくなります。

次に、それぞれの回答例についてチャッターに動かされた場合に陥りやすい課題を示しています。特に、強いこだわりを感じた回答例や一番しっくりくる回答例を中心に、それ以外の回答例についても、教壇に立っている人は子どもとの関係について、教師を目指して学んでいる人は子どもとの関係を友人など周囲の人との関係に置き換えながら、思い当たることがないか確認してみましょう。自分が強いこだわりや、しっくりくる感覚をもっていなくても、陥りやすい課題が自分に当てはまると感じることがあるかもしれません。その場合、回答例の発達段階の見方、考え方と一体化しているために自分がなろうとしている教師像を自覚できていない可能性があります。

その後に、それぞれの回答例について、各自我発達段階の見方、考え方を超えて含んだ場合に想定される教師像を示しています。一番しっくりくる回答例や陥りやすい課題が自分に当てはまると感じた回答例が含まれる段階のいずれかが発達段階の重心となっている可能性が高いと考えられます。そして、拒絶したい回答例や強いこだわりを感じる回答例があるとすれば、その回答例が含まれる段階の病理現象が残っている可能性があります。それぞれの回答例について、その段階の見方、考え方を超えて含んだ場合に想定される教師像と自分がその回答例についてイメージしている教師像を比較してみましょう。その回答例について自分がこだわっていることと、自分が本当に大切にしたいことはイメージの上では近くにありますが実際にはズレがあるのでその違いに気づくことができれば、自分が本当になりたい教師像を具体的かつ明確にすることができます。

例①専門的な力量の高い教師になりたい（自己防衛的段階）：コントロール欲求の課題

思考や欲求の特徴（安全欲求）

自己防衛的段階の特徴として、まず、自分の支配力を確認し、拡大したい欲求が挙げられます。私たちは誰でも程度の差はありますが、自分の力を発揮することで人やモノを思い通りに動かしたいと思ったり、人やモノを思い通りに動かせる力をより強く、広い範囲に及ぶようにしたいと思ったりすることがあります。このような欲求は子どもの頃、ヒーローに憧れてヒーローが使っている武器のおもちゃを使って遊ぶことである程度は満たされたかもしれませんが、実際には完全に満たされることはなく、大人になっても残っています。自分の力を発揮したい欲求それ自体はよいものですが、人やモノの動かし方とその結果に対する配慮に欠けていたり支配の目的が自己中心的なものに留まっていたりする場合には周囲の人々や環境に多くの問題を生み出すことになります。特に自己防衛的段階の発達課題を十分満たせずこの段階に固着している場合には、自分の力を発揮したい欲求が、勝ち負けにこだわって自分の欲しいものを力によって手に入れようとしたり、外見から自分に能力があるように見せかけて人を動かそうとしたりすることにつながります。

この段階はマズローの欲求階層説の安全欲求の段階と対応しているように、安心して安全に暮らせる環境の中で自分の力を発揮したい欲求が適切に育った場合には、周囲の人々と安定した関係を築きながらより広い環境を探究することで安心・安全な環境を広げていこうとすることにつながります。しかし、身近な周囲の人々や環境からの脅威を感じる環境の中で育った場合には闘うか逃げるか、いずれかの形でしか自分の力を発揮することができません。

よく見られる回答例

この段階の欲求が強く残っている場合、「どんな教師になりたい？」という問いに対して、たとえば次のような回答が見られます。

・児童生徒からどんな質問をされてもすべて答えられる教師になりたい。
・選手経験を生かして指導力のある体育教師になりたい。自分の技を児童生徒に示したい。
・部活の指導で全国大会に出場させたい。

・合唱コンクールで優勝させたい。

これらの回答には、自分の力を子どもたちや周囲の教師たちに見せつけたい、自分の能力や技術などによって自分を認めてほしい、それによって支配力を高めたい、といった欲求が含まれています。教師自身が安心・安全に働ける環境で働くことができ、このようなこだわりが自身の成長につながっている限りにおいては、これらの欲求は能力や技術の向上につながります。しかし、能力や技術の成長が止まったり、具体的な成果をあげられず周囲から認められなくなったりして、不安や脅威を感じる状況に陥った場合、自分の力を発揮したい欲求それ自体を拒否してしまうこともあります。通常なりたい教師像として表立って表現されることはなく、表向きには無難な別の表現がなされることが多いですが、本音としてたとえば

・専門分野の自分の好きな研究に没頭したい。

といった回答になることもあります。

こだわりの手放し方（陥りやすい課題とその克服方法）

この段階の欲求が強ければ必ず問題が起こるわけではありませんが、教師の仕事を続けていく中で陥りやすい課題として、まず、コントロール欲求が強いために子どもたちを力で抑

え込んでしまい、子どもたちの主体的な思考力や行動力を奪うだけでなく子どもたちのチャッターを増やして、発達段階を後に進めることを妨害してしまうことが挙げられます。具体的には『教室マルトリートメント』でも挙げられているような、教師の指示通りに動かない（動けない）子どもに対して怒鳴ったり脅したりする不適切な指導になりがちです。

そして、自分の力を誇示するために虚勢を張ったり、自分を認めてくれる人や支配できる人を味方、そうではない人を敵とみなして、敵とみなした人と闘ったり避けたりすることにもなりがちです。その結果、相手によって対応が変わったり、えこひいきをしたりすることにもなります。さらに、自分の失敗や適切な指導ができないことの原因を他者に投影することも、怒鳴る指導に陥る原因となります。

このような不適切な指導を克服するために、まず力を使って人を動かしたいという思いを手放すことが必要です。「手放す」というのは捨て去ることではありません。それが必要なときもあり得ますが、日常的に使うものではないので、握りしめずに一旦脇に置いておくことです。その上で、力を用いなくても、あるいは力を用いない方が子どもたちとの信頼関係が築けることを経験するために、子どもの能力を信じて任せてみることが大切です。具体的には、子どもたちが望ましい行動をしておらず怒鳴りたくなったときに、黙って子どもたちを見つめて子どもたちが自分自身で気づくのを待ってみること、もしも気づかなければ、穏やかに「今は何をする時間だと思う？」と尋ねてみること、そして、自分たちで気づくことができたら、そのことを褒めることが、一例として挙げられます。また、自分の置かれた状況を率直に認めて子どもたちに問いを投げかけてみる方法も考えられます。具体的には、部活で教師の思うように子どもたちが動けず、失敗を繰り返しているとすれば、怒鳴りたくなる状況を教師自身もどうしていいかわからず困っている状況であると認めて、子どもたちにその状況を伝えた上で「どうしたらいいと思う？」と尋ねてみることも一つの方法です。このようにして指導を改善する中で、怒鳴ったり脅したりする指導と子どもたちを信頼する指導とでの子どもたちの姿の違いを振り返って確認することで、力を使うことや力による支配がもたらす副作用を知り、力を適切かつ効果的に用いるためには力をできる限り使わないことが望ましいことに気づけるでしょう。その他、能力や技術をつける訓練をして確認することを自分の基本状態を確認するルーチンとすることも自分自身の能力や技術の適切な使い方を身につけることに役立つでしょう。

この段階を超えて含んだ場合に想定される教師像

自分の力を発揮したい欲求を適切に超えて含んで道具化することができた教師は、力を誇示しなくても自分の能力や技術などを適切に用いることで自然に周囲から認められるようになります。そして、子どもたちや周囲の人々から必要とされる場合には自分の能力を発揮しますが、普段は子どもたち自身が能力を身につけて適切に発揮できるよう支援することができる教師となるでしょう。

例②決まった内容をきちんと教えられる教師になりたい（規則志向的段階・順応的段階）：型にはめたい課題

思考や欲求の特徴（社会的欲求）

規則志向的段階や順応的段階の特徴として、まず、周囲から受け入れられたい、好かれたいという欲求が挙げられます。私たちは誰もが集団や社会の一員として周囲から受け入れられ、好かれることで集団や社会の中に自分の居場所を確保したいと考えます。この段階ではこの欲求は、周囲と同じ外見や言動をしたり、集団や社会の規則や伝統を形式的に守ったりすることで、実現されると考える傾向があります。このような欲求はたとえば小学校低学年の頃であれば、周囲の子どもたちがもっているものと同じものを買ってもらったり、遊び仲間に入れてもらって仲間うちのルールに従って遊んだりすることである程度満たされます。しかし、友達と同じものを買ってもらえなかったり仲間外れにされたりすることで十分に満たされないこともあり得ます。本来、周囲から受け入れられたい、好かれたいという欲求それ自体は悪いものではありません。しかし、周囲と同じ外見や言動をしなければならない、仲間うちのルールに従わねばならない、仲間の意見に逆らってはならない、といった集団での居場所を失う不安や恐怖から生じるチャッターに動かされている場合には、周囲に無理に合わせて行動することで本来の自分らしさを見失ったり、大勢に流されて自分の意見をもてなくなったり、より広い社会の規範に反するような狭い集団のルールに縛られて違法行為に手を染めてしまったりといった問題が生じやすくなります。特に順応的段階の発達課題を十分満たせずにこの段階に固着している場合には、理由なく頑なに狭い集団内の規則や伝統を守ることにこだわったり、集団内で意見が対立することや自分が批判されることを避けるために集団が抱える大きな問題を見なかったことにしたりすることにつながります。

　この段階はマズローの欲求階層説の社会的欲求の段階と対応しているように、集団やより広い社会の中に自分の居場所が安定的にあると感じられる環境の中で、周囲から受け入れられたい、好かれたいという欲求が適切に育った場合には、周囲の人々と友好的な関係を築きながら社会的により広い範囲の人々とも交流することで友好的な関係性を広げていこうとすることにつながります。しかし、身近な周囲の人々から嫌われたり排除されたりする環境の中で育った場合には、自分らしさを無理に曲げてでも周囲に合わせなければならないと考えるか周囲との関係を断ち切って自分一人の世界で行動することになってしまいがちです。

よく見られる回答例

この段階の欲求が強く残っている場合、「どんな教師になりたい？」という問いに対して、たとえば次のような回答が見られます。

・教科書の内容をわかりやすくきちんと教えられる教師になりたい。
・基本的な生活習慣や学習習慣をしっかり身につけさせる教師になりたい。
・社会常識をしっかり身につけさせる教師になりたい。
・協調性を身につけさせる教師になりたい。

これらの回答には、自分自身が周囲に合わせなければならないと考えて努力してきたので、子どもたちにも自分と同じようにさせなければならない、という考え方が含まれています。教師自身が社会や職場の中に自分の居場所が安定的にあると感じながら働くことができ、子どもたちも規則志向的段階あるいは順応的段階に重心がある限りにおいては、これらの欲求は指導力の向上につながります。しかし、教師自身が社会や職場に自分の居場所がない、あるいはなくなるかもしれない、といった不安を抱えている場合、生活習慣や学習習慣、社会常識、協調性を子どもたちにしっかりと身につけさせなければ子どもたちが社会での居場所を失ってしまうという不安を抱きがちです。それだけでなく、教師自身も適切な指導ができないと他の教師からみなされてしまうことに対して不安や恐怖を感じる状況に陥る可能性があります。その場合、たとえば

・子どもたちのやりたいように自由にさせる教師になりたい。

といった回答になることがあります。この場合、子どもたちに受け入れられたい、好かれたいという欲求に動かされて子どもたちに迎合する教師になる可能性があります。さらに、周囲から受け入れられたい、好かれたいという欲求を一切拒否してしまうこともあります。通常、なりたい教師像として表立って表現されることはあまりありませんが、たとえば

・型破りな教師になりたい。

といった回答になることもあります。この場合、子どもたちから受け入れられたい、好かれたいという欲求も拒否しているので、子どもたちの指導を放棄して黒板に向かってつぶやきながら無気力な授業をする教師になる可能性もあります。

例②決まった内容をきちんと教えられる教師になりたい（規則志向的段階・順応的段階）

こだわりの手放し方（陥りやすい課題とその克服方法）

　この段階の欲求が強く、しかも集団や職場に自分の居場所がない、あるいは居場所がなくなるかもしれない、といった不安やプレッシャーを抱えている場合に陥りやすい課題として、まず、子どもの個性や発達過程の違い、子どもが置かれている状況を踏まえずに一律に一定の言動ができることを求めてしまうことが挙げられます。このような場合、しばしば子どもの事情や気持ちを確認せず、指導する言動についても、それがなぜ、何のためにできるようになる必要があるか明確に説明できないにもかかわらず強制してしまう不適切な指導になりがちです。さらに言われた通りにしない子ども、できない子どもに罰や辱めを与えることで、結果的にその子どもにも学級や学校に自分の居場所がないと感じさせてしまったり、周囲の子どもたちも教師に同調して言われた通りにできない子どもを集団から排除してしまったりすることにもつながりかねません。

　また、自分の居場所を求める欲求が強い場合、教師間の関係では、上の立場の人から伝えられた伝統的な指導方法を無批判に受け継ぐ傾向が強くなりがちです。もちろんその指導方法にもよい面はありますが、目的や状況を踏まえずにこだわってしまうとすれば、その指導方法に合わない子どもたちがいても無理に合わせるよう強制したり、合わせることができない子どもを排除したりすることになりかねません。さらにその指導方法を守ることを自分の居場所を守ることと同一視してしまうと自分と同じ指導方法をとらない教師を敵視したり排除したりすることにもなりがちです。

このような状況を克服するためには、まずみんなと同じ外見や言動、考え方をしなければ集団や社会から受け入れられないという思いや不安を手放すことが必要です。実際の集団や社会は、全員が完全に同じ外見や言動、考え方をすることが強制される社会主義国家の軍隊のような集団から、異なる外見や言動、考え方をする人々が交流することで創造的なアイデアを生み出すことを求めるベンチャー企業まで、グラデーションのように多様な集団がありますす。集団のメンバーが同じ外見や言動、考え方をすることで意思決定が早くなりメンバーも安心感をもてますが、メンバーの主体性や創造性は失われます。一方、全員が異なる外見や言動、考え方をする集団ではメンバーの主体性と創造性は高まりますが、メンバー間の対立や衝突に折り合いをつけるためにしばしば時間と労力が割かれることになります。みんなと同じであることと一人ひとり違うことを連続線上の両端と捉えて目的や状況に応じて連続線上を移動する形で柔軟に使い分けることを意識するとよいでしょう。

「しなければならない」というチャッターを自分が「したい」ことや「してほしい」こと、子どもが「した方がよい」ことと捉え直すことも大切です。そうすることで、自分が集団と一体化して動かされている状態から抜け出してみることができます。また、「ちゃんと」「きちんと」が口癖になっている場合には、「（周囲の人々から求められる通りに）きちんとしなければならない」というチャッターを「『きちんと』の基準は人によってさまざまだということを前提に、周囲の人々と納得のいく基準をつくればよい」と捉え直すことで、教師も子どもたちも主体的に自分たちの居場所づくりをする活動につながるでしょう。

この段階を超えて含んだ場合に想定される教師像

周囲から受け入れられたい、好かれたいという欲求を適切に超えて含んで道具化することができた教師は、基本的な習慣や方法の大切さを踏まえながらも、状況に応じて柔軟に対応を変えることができるようになります。そして、伝統的な方法のよさを理解し、受け継ぐ部分と柔軟に変える部分を見極めることができます。学級の運営についてもみんなと同じ言動を求める部分と一人ひとり違っていてよい部分のバランスを取りながら子どもたちとともに自分たちの居場所づくりをすることを認めることができます。

例③授業がうまい教師になりたい（自意識的段階）：考え方や方法にこだわる課題

思考や欲求の特徴（承認欲求：自分を認めさせたい）

自意識的段階の特徴として、まず、順応的段階とは逆に周囲とは異なる自分の個性的な見方、考え方や外見を示して自分を認めさせたい欲求が挙げられます。SNSが発達した現代社会では、自分の見方、考え方や外見などを世界中に発信して、フォロワーを増やしたり「いいね」を押してもらったりすることが簡単にできることから、この欲求を満たすことは比較的容易になっています。その反面、自意識的段階のもう一つの特徴である自分の意見の正しさを主張し、他者の間違いを非難するけれども自分が批判されることを嫌う傾向の強さから、ネット上には匿名で他者を誹謗中傷する書き込みも多く見られます。自分を認めさせたい欲求や自分の意見の正しさを主張する欲求は、多くの人々に認められるために自分の技術や方法を改善する努力につながればよいものとなります。ただし、自分が経験した範囲をすべてと捉え、その範囲内での最善を追求しようとするので、視野の狭さが課題になりがちです。

また、この欲求が周囲の人々やネット上の人々を誹謗中傷することにつながれば多くの問題を生み出すことになります。特に自意識的段階の発達課題を十分満たせずこの段階に固着している場合には、自分を認めさせたい欲求が、特定の考え方や方法にこだわって、それ以外の考え方や方法を排除したり非難したりすることにつながります。

この段階はマズローの欲求階層説の承認欲求の段階と対応しているように、多様な見方や立場の人々が他の人々の考え方や方法にもよさと課題があることを互いに認め合うことのできる環境の中で承認欲求が適切に育った場合には、自分の視野を広げながら自分の考え方や方法によさと課題があることを認めて改善し続けることにつながります。しかし、互いに自分の考え方や方法のよさのみを主張して相手のよさを否定し合う環境では、承認欲求が相手に自分を認めさせたいというこだわりになってしまい、自分の考え方や方法を改善し続けるという本来の目的を見失ってしまうことになりがちです。その結果、自分の考え方や方法こそが、あらゆる問題を解決できる方法だと信じて狭い視野の範囲内での成果を誇示することで授業のうまさを強調することにつながることがあります。いわゆる授業の達人すべてに当てはまるわけではありませんが、授業がうまい教師になりたい、という欲求は、他の考え方や方法のよさを認めることができない場合には、自分自身を一定の考え方の枠にはめてしまう問題に陥りやすくなります。

よく見られる回答例

この段階の欲求が強く残っている場合、「どんな教師になりたい?」という問いに対して、たとえば次のような回答が見られます。

・協働学習（学び合い・ジグソー法など）をして主体的な子どもを育てる教師になりたい。
・専門性の高い内容をわかりやすく子どもに伝える教師になりたい。
・面白い豆知識を話して子どもを飽きさせない授業をする教師になりたい。

これらの回答には、自分がよいと考える考え方や方法を身につけ、改善することで自分なりの教育方法を実践できるようになってその成果を周囲に認めさせたい、という欲求が含まれています。教師自身が自分の考え方や方法にも、他の考え方や方法にもよさと課題があることを互いに認め合うことのできる職場環境で働くことができる場合には、自分の視野を広げながら自分の考え方や方法によさと課題があることを認めて改善し続けることにつながります。しかし、互いに自分の考え方や方法のよさのみを主張して相手のよさを否定しあう職場環境では、承認欲求から相手に自分を認めさせる争いとなるため、自分の考え方や方法の成果を誇示することで授業のうまさを強調し合うことにつながります。そして、この争いに負けて承認欲求を拒否してしまうこともあります。通常、なりたい教師像として表

例③授業がうまい教師になりたい（自意識的段階）

現されませんが、本音としてたとえば

・（正しさの主張もしないけれども非難もされたくないので）自分の好きなようにすればよい。

・専門家の意見など正当性を主張していると感じるものをすべて拒否する。

といった反応を示すこともあります。

こだわりの手放し方（陥りやすい課題とその克服方法）

自分を認めさせたいという承認欲求が強く、同じ承認欲求をもった人同士の主張がぶつかり合う職場環境にいる場合に陥りやすい課題として、自分の指導方法の成果を誇示するために、自分の方法に合わない子どもを否定したり排除したりすることが挙げられます。具体的には授業で発問した際に教師の意に沿わない解答をした子どもの発言を無視したり、その後、手を挙げても当てなかったりする事例があります。発言した子どもも自意識的段階に達している場合には承認欲求が満たされないことで授業への参加意欲を失ってしまうことにつながります。

また、教師間の関係では自分の考え方や方法を周囲の教師に押しつけて従わない者や批判する者を排除する傾向が強くなりがちです。もちろん、その考え方や方法に一定の効果が見られることも多いのですが、その考え方や方法のよい面だけを主張して課題に目を向けなくなってしまうと、自分の考え方や方法のよい面が見える一つの視点だけで評価して完璧さを求めるけれども、その視点が有効ではない場面や状況を考慮に入れない状況に陥りやすくなります。我が国の教育実践の歴史が、教育内容を系統立てて教えることを重視する系統主義と子どもたちが経験を通して学ぶことを重視する経験主義の対立に代表されるように、互いに対立する二つの方法を振り子のように行ったり来たりしながら展開されてきたことは、このような状況の表れであるとも考えられます。

このような状況を克服するためには、まず自分を認めてほしいという欲求を一旦手放した上で、自分の考え方や方法を捉え直すことで、よい点と課題を認めて課題の改善に取り組むことが必要です。そして、自分の考え方や方法の課題を改善するために他の考え方や方法のよさも認めて取り入れてみることも大切です。それによって、自分の考え方や方法が適する目的や状況と他の考え方や方法が適する目的や状況を理解することができるようになり、互いのよさを認め合うことができる可能性を生み出すことができます。

「自分は正しくて相手は間違っている」というチャッターを「自分にも相手にも正しい面とそうではない面があるかもしれない」と捉え直すことも大切です。そうすることで自分だけの正しさから抜け出すことができます。また、「（考え方や方法が）完璧でなければならない」というチャッターを「（考え方や方法が）完璧でも目的や状況によっては適切でないことがある」

と捉え直すことも多様な考え方や方法のよさと課題を踏まえながら、それぞれが適する目的や状況を理解する上で有効です。

この段階を超えて含んだ場合に想定される教師像

自分を認めてほしいという欲求を適切に超えて含んで道具化することができた教師は、一つの方法にこだわらず、それぞれの方法の目的や適した状況、メリット・デメリットを踏まえて複数の方法を使い分けることができるようになります。子どもたちに対しても、一人ひとりのよさと課題を捉えた上で、その子どものよさを生かしたり、課題に向き合ったりできる方法を工夫しながら指導方法の改善に取り組むことで、子どもたちの成長を認めることができるようになります。

例④子どもに寄り添う教師になりたい（良心的段階）：子どもを理想化しようとする課題

思考や欲求の特徴（承認欲求：周囲から認められるようになりたい）

良心的段階の特徴として、まず、自分と他者の言動とその背景にある欲求や感情を第三者の視点から捉えられるようになることで、自分が周囲の人々からどの程度承認されているか理解できるようになることが挙げられます。そのため、この段階の欲求は、自意識的段階の自分を認めさせたい承認欲求から周囲から認められたい承認欲求へと発達します。周囲から認められるため、社会で是認される理想や規範を自分のものとして内面化し、理想を実現する目標を立てて達成しようとします。現在の社会で是認される理想や規範は、親や教師の言動、学校教育の内容や学校文化、政府の政策や広報、そしてマスコミやインターネットの情報などによって規定されていると考えられます。

今後、社会のモード段階が良心的段階を超えていくことで内面化する理想や規範も変化する可能性があります。実際、２０２１年の中央教育審議会答申『令和の日本型学校教育』

の構築を目指して」では、「個別最適な学びと、協働的な学びの実現」を目指しているように、個々人が一律に有するべき能力と捉えられてきた学力について、一人ひとり異なる特性を生かして協働することで発揮する能力と捉え直そうとする方向性が示されています。しかし、まだ子どもたちの良心の形成に最も直接的で大きな影響を及ぼす学校教育では二十世紀の理想や規範、すなわち科学的思考や合理的思考に基づいて自立的に社会を構成し、発展させることに貢献できる個人としての能力を一律に備えることという理想を引きずっています。そのため、親や教師が子どもたちによかれと思って行っていることが、子どもの人権を尊重しない行為となってしまう社会的マルトリートメントの問題を引き起こしています。「子どもを理想化する課題」とは、子どもたちによかれと思って、社会的に望ましいとされる目標に沿って一律に理想の子ども像を設定して目標を達成させようとすることです。

この段階は自意識的段階と同様、マズローの欲求階層説の承認欲求の段階と対応していますが、先に述べたように自分を認めさせたい承認欲求から周囲から認められたい承認欲求へと発達しています。そのため、この段階の人が生涯成長し続けるには、一人ひとりの個性や能力特性、発達の過程に違いがあること、そして、失敗や間違いは探究の過程で当然起こるものとして肯定的に捉えてそこから学びながら互いに支え合ってそれぞれのペースで成長することが認められる環境が必要になります。しかし、第１章でも述べた二十世紀の競争主義的で成果主義的な社会の理想、すなわち、すべての人に一定の学年ごとに一律に等しい能力を習得させ、その成果を個人間で競争させながら到達度を測ろうとする環境では、子どもたちは個性や能力特性の違い、間違いや失敗によって「規格外（不良品）」のレッテルを貼られてしまう恐れや不安から、努力の結果を効率的かつ確実に示すために知識の量を増やしたり時間内の作業処理能力を高めたりすることになりがちです。

後者の環境で育って良心的段階まで発達し、教師になった場合、社会的に望ましいとされる目標に沿って理想の子ども像を一律に設定し、その理想像に近づけるため理論に基づいて合理的かつ計画的に指導を行って目標を達成することで承認を得ようとしがちです。目標を設定し、実践に移す際には、状況が変化せず未来が予測可能であることを前提とする計画・実行・評価・改善のＰＤＣＡサイクルを回して事前の計画通りの成果をあげることを好みます。そのため、予測不可能な状況や自分の理解できる範囲を超える現象を避け、測定可能で自分に理解できるものだけを扱おうとしがちです。

よく見られる回答例

この段階の欲求が強い場合、「どんな教師になりたい?」という問いに対して、たとえば次のような回答が見られます。

・子どもに寄り添い、子どもの目線で子どもの言動から個性や特性を理解することで、子どもの個性に合った指導をする教師になりたい。
・子どもの言動からその心理を読み取って抱えている悩みの相談に乗り、解決できる教師になりたい。
・子どもの興味・関心をひく教材を開発したり自分の授業を分析して改善したりすることで子どもたちが主体的に学び、学力を向上させる授業ができる教師になりたい。

これらの回答には、教師が社会で認められる理想の子ども像をもっており、その実現に向けて教育しようとしている点が共通しています。たとえば、「子どもに寄り添って個性に合った指導をする」という前提には、子どもの言動とそれに対応する個性や特性および適切な指導方法のリストのようなものと照合しながら個性に合った指導をすることで理想の子どもに育てることができるという発想が含まれていないでしょうか。言い換えれば、子どもの外面的な言動や反応と子どもの内面的な思考や感情、能力は対応していて外面から内面を読み取って現状を分析し、外面の言動を変化させることで内面を理想的なものに変化させられるという捉え方が含まれています。これは、ジョン・ロックのタブラ・ラサ説のように人間は生まれてきたときは何も書かれていない白紙の状態で、経験や学習を通して社会的に理想とされる姿に育てることができると捉えている点で、子どもの教育可能性を理想化していると考えられます。一人ひとりの違いを認め、失敗や間違いを肯定的に捉えてそこから学びながら互いに支え合ってそれぞれのペースで成長することが認められる環境であれば、このような理想化をしていたとしても、教師が抱く理想や理解できる範囲から外れた子どもの存在を認め、理解しようと努力することで教師が子どもを捉える見方の枠組み自体を見直しながらより幅広い子どもに寄り添えるよう成長し続けることにつながります。

しかし、すべての人に一定の学年ごとに一律に等しい能力を習得させ、その成果を個人間で競争させながら到達度を測ろうとする環境では、子どもの商品化や品質管理的な発想につながるとともに、実際にはそのような理想は実現困難なため教師自身も理想を達成できない不安によって承認欲求を拒否してしまうことがあります。通常、なりたい教師像として表立って表現されませんが、本音としてたとえば

・自信がない、不安、理想が高くて自分にはできない
・失敗や間違いを恐れて挑戦できない

といった反応を示すこともあります。

こだわりの手放し方（陥りやすい課題とその克服方法）

周囲から認められたいという承認欲求が強く、成果主義、競争主義的な職場環境にいる場

合に陥りやすい課題として、子どもを規格化して捉え、規格の枠内にはめようとしたり規格から外れた子どもを排除したりすることが挙げられます。具体的には、学習障害や発達障害のグレーゾーンにいる子どもを、授業の進度が遅れるからという理由で一律に通常学級から特別支援学級に行かせたり、同じ学年の多くの子どもができていることができない子どもに対して「〇年生なのに、こんなこともできないの？」と発言したりすることになりがちです。また、合理的・科学的な思考によって教育活動をコントロールしようとし、理想化された未来を実現するために子どもの現在を犠牲にさせてしまったり、子どもたちに失敗や間違いを恐れさせて成長を止めてしまったりすることも挙げられます。具体的には、児童生徒の学力や学習状況を把握し、国と地方公共団体が教育施策の成果と課題を検証し、改善するために毎年小学校6年生と中学校3年生を対象に実施されている全国学力・学習状況調査は、合理的・科学的な思考によって教育活動をコントロールしようとする一例と言えます。しかも、順位の低い県を中心に学校で事前に過去問を解かせる対策が行われている状況が見られます。対策授業を行って学力テストの点数を上げることは、学校や教師の指導成果を形だけ取り繕うために子どもたちにとっての本来の学びの時間を犠牲にしてしまう上に、正解率を上げなければならないプレッシャーをかけて子どもたちに失敗や間違いを恐れさせる環境を生み出しています。さらに、受験勉強で一点でも多く得点を取るために「正解」とされる知識を詰め込む学習を強いてしまい、「正解」のない問いを立てて探究しながら学ぶことの面白さや楽しさを経験できない環境では、多くのチャッターが生み出され、教師も子どもたちも良心的段階から後の段階へ進むことが妨げられてしまいます。

このような状況を克服するためには、まず周囲から認められる実績や成果をあげたいという欲求を一旦手放した上で、規格から外れた多様な子どものよさを認めると同時に、教師自身も規格から外れた自分らしさを肯定的に捉え直すことが必要です。もう少し具体的には、子どもらしさや教師らしさとして一般に抱かれているイメージから外れた「らしくない」部分を認めることが大切です。そして、合理的・科学的思考の限界としていわゆる客観テストで数値化して測定できるものだけを評価し、測定できないものを見落としてしまう問題を自覚し、その問題を克服するために質的目標を設定したり教育の多義的解釈、すなわち学力以外の教育の意義を見いだしたりすることが必要です。

「努力しなければならない」「目標を達成しなければならない」「社会に貢献しなければならない」という達成主義的なチャッターを「目指すものは目の前の子どもたちが将来生きる社会でも適切で、子どもたちにとっても必要感のあるものかどうかを子どもたちとともに考えてみよう」と捉え直して問いの探究を実践してみることも大切です。この問いには一律の「正解」はなく、子どもたち一人ひとりの探究と協働的な探究から子どもたちそれぞれがそ

例④子どもに寄り添う教師になりたい（良心的段階）

の時点での納得解を生み出そうとするところに学びの意義があります。

「他者の気持ちを理解しなければいけない」「先を見通して行動しなければいけない」「常に進歩、発展し続けなければいけない」といった予測や結果に対する完璧主義のチャッターについても、「人間関係や未来は予測しきれないことも多いのでその都度確認して修正しながら生きればよい」と捉え直すことで、失敗や間違いは当然起こるものと考え、取り返しのつかない失敗や間違いをできる限り防ぐために普段から小さな失敗や間違いに目を向けてそこから学ぼうとする姿勢を身につけることができます。

この段階を超えて含んだ場合に想定される教師像

周囲から認められたいという欲求を適切に超えて含んで道具化することができた教師は、教育についての理想や計画をもちながらも自分の予想や予測を超えた子どもの反応を柔軟に受けとめてその場で計画を柔軟に修正し、子どもたちとともに問いを立てて探究することで子どもたちから学ぶことができるようになります。そして、教師らしさや子どもらしさにとらわれず、失敗から学んで自ら成長し続けることができるようになります。

例⑤子どもの個性を尊重したい（個人主義的段階）：表面と本質を同列に捉える課題

思考や欲求の特徴（自己実現欲求：個人としての自己実現を追求する）

個人主義的段階の特徴として、まず、自分が生まれ育った地域社会の見方、考え方を外から観察して捉え直せるようになることが挙げられます。そして、完全に客観的な事実や判断は存在せず、物事の見え方や判断は見る人の立場によって変わることに気づき、一人ひとりの見方や考え方、価値観の違いを認められるようになることが挙げられます。そのため、この段階の欲求は一人ひとり異なる価値観に基づいて個人としての自己実現を追求することになります。教師で言えば、いわゆる教師らしさにとらわれずに自分らしさを追求するようになることで、必要なときには教師らしさを演技することもできるようになります。社会の常識や「当たり前」に疑問を抱くことで新たな可能性を発見しようとしたり、人々の意見の多様性を尊重しようとしたりするようになります。そして、努力の結果よりも過程で得られるものに注目し、想定外の出来事を許容し、物事に柔軟に対応しようとします。また、既存の型にはまらない自分独自の方法を創り上げて楽しもうとします。

この段階はマズローの欲求階層説の自己実現欲求の段階と対応しています。自己実現欲求が適切に育つには、一人ひとりがこうしたい、こうなりたい、という欲求を長期的あるいは持続可能かつグローバルな視点から探求することが求められます。また、その探求においては、価値観の多様性を尊重できる仲間とともに異なる価値観同士を互いに補い合うものと捉えて価値観の相補的な関係性を構築することが認められる環境が必要です。そのような環境では、持続可能でより広い社会との建設的な関係性を備えながら自分らしい生き方を探究し続けることにつながります。しかし、価値観の違いを認めながらも異なる価値観を対立するものと捉え、それらの衝突を避けるために個々人でその場その場での欲求をそれぞれが主張するだけに留まる環境では、自己実現欲求が個人的・短期的に実現可能なものに限定され、短期的で狭い範囲の中で自分らしく生活する方法を追求することに留まってしまいがちです。教師と子どもたちの関係で言えば、子どもたちの主張を肯定的に受けとめ、否定しないという表面的な対応に終始して、子どもたちの短期的・表面的な欲求と長期的・本質的な欲求を同列に扱ってしまうことになります。子どもたちは目先では、自分の話を聞いてもらって受けとめてもらえたと感じますが、自己実現欲求を成長させて広い社会の中で自分らしく生きる探究を続けることにはつながらない問題に陥りやすくなります。子どもたち同士の話し合いでも同様に子どもたちはそれぞれに自分の意見を言いやすくなりますが、そこからの深まりが起こらず言いっ放しで終わってしまいがちです。教師同士でも職場で表面的には互いの意見を言い合い、聞き合うことができて尊重し合えているようでいて、実際には異なる意見を並べただけの話し合いをしてその場の大勢を占める雰囲気から無難な結論を出すだけに終わりがちです。

よく見られる回答例

この段階の欲求が強い場合、「どんな教師になりたい？」という問いに対して、たとえば次のような回答が見られます。

・子ども一人ひとりの意見を尊重し、子どもの興味・関心に合わせて授業をする教師になりたい。
・「正解」のない課題についてグループで話し合うことで自分と違う意見から学ぶ子どもを育てる教師になりたい。
・子どものつぶやきを拾ったり、子どもの発言をつないだりしながら子ども主体の授業をすすめる教師になりたい。

これらの回答には、子どもたちの意見を尊重することで教師自身も自分らしい授業をしたいという欲求が含まれています。価値観の多様性を尊重できる仲間とともに探究しながら多様な価値観の相補的な関係性を構築することができる職場環境で働ける場合には、たとえば子どもたちも異なる意見の中から類似するものや異なるものを比較しながらそれらの関係に対する理解を深める授業にするための建設的な議論をすることで教師自身も成長し続けることができます。しかし、異なる価値観を対立するものと捉え、それらの衝突を避けるためにそれぞれが意見を主張するだけに留まる職場や学級の環境では、他者を不快にする可能性を懸念して議論を深める疑問や異論を出すことが困難になり、表面的で無難な意見に終始することになりがちです。他者と対立するように見える疑問や異論を出すことを恐れて深いレベルでの価値観の尊重や自分らしさの実現を拒否してしまうこともあります。その場合、

・意見や価値観には優劣をつけられず、教育には「正解」はないのだから子どもたちがそれぞれ自由にやりたいように学べばよい。
・我が国の文化のよさと社会のルールさえしっかりと身につけさせれば、あとは何をしても構わない。

といった回答になることもあります。

こだわりの手放し方（陥りやすい課題とその克服方法）

異なる価値観を対立するものと捉え、それらの衝突を避けるためにそれぞれが意見を主張するだけに留まる職場や学級の環境にいる場合に陥りやすい課題として、まず、表面的な思考に基づく意見と本質を捉えた深い思考に基づく意見を区別せず、すべての意見を同列に扱ってしまうため、意見の言い合いに終始して議論が深まらないことが挙げられます。具体的には、たとえば子どもたちがそれぞれに自分の考えたことを積極的に発言して、誰かの意見とつながる意見も出ていますが、意見の否定につながるので他の子どもの意見に疑問を差しはさむことが許されないといった雰囲気の中、「みんな違ってみんないい」というまとめで終わる道徳授業がしばしば見られます。教師も子どもたちも他者を不快にする可能性を懸念して議論を深める疑問や異論を出すことを恐れるようになり、深いところで抱いている自分の疑問や意見を出せないために表面的で無難な人間関係しか築けなくなってしまいます。また、すべての意見を同列に扱わねばならないという意見の等価性を主張する自身の立場を絶対化して周囲に押しつけていることに気づかず、すべてを相対化してしまうために何も決定することができない事態にも陥りがちです。

このような状況を克服するためには、まず、独自の自分らしいやり方で自己実現したいという欲求を一旦手放し、他者の取り組みの中に自分のやり方に似ているものと真逆に見えるものを探して、両者を両端とする連続線上に自らのやり方を位置づける形でも自己実現ができると捉え直してみるとよいでしょう。そうすることで、自分のやり方に似ているものにも異なる部分があり、真逆に見えるものにも類似する部分があるとともに、自分以外のやり方から学ぶことで自分の見方、考え方が深まったり広がったりすることを理解できます。

「みんな違ってみんないいのだから意見に優劣をつけてはならない」「すべての意見を聴かなければならない」「少数意見は常に尊重されなければいけない」といったチャッターを、「すべての人に発言の機会を与えて聴き取ることで意見を尊重した上で、意思決定に際しては視野の広さや思考の深さなどの基準を基に意見に軽重をつけて判断することでもすべての意見を尊重できる」と捉え直すことも大切です。意見を尊重する経験については、ホワイトボードに誰の意見か明記せずに全員の意見を黒で書き出して、誰の意見かによらず、大切だと思うものやその理由などを赤で追記し、全員が合意できる決定事項を青でまとめる発散・収束・活用の3段階の手順と目的に合わせた会議フレームで構成されたホワイトボード・ミーティング®というファシリテーション技術を用いることも有効です。

この段階を超えて含んだ場合に想定される教師像

自分らしいやり方で自己実現したいという欲求を適切に超えて含んで道具化することができた教師は、自分独自のやり方にこだわらず、一見対立したり矛盾したりするように見えるやり方からも学ぼうとすることができます。そのため既存の多様な方法と自分独自の方法それぞれのよい点と課題を踏まえながら適切に使い分けることができるようになります。また、授業や会議でも中立・公平・対等な立場で全員が自分の意見を安心して話せる発言の機会を保障し、全員が参加して納得解を考える活動の支援ができるようになります。

例⑥子どもの課題に向き合わせたい（自律的段階）：今を楽しめない課題

思考や欲求の特徴（自己実現欲求：自他ともに自己実現することを目指す）

自律的段階の特徴として、まず、すべての発達段階にそれぞれ必要性と価値があることを理解できるようになり、すべての人が各段階の発達課題を十分に体験して成長し、発達し続けることで、自己選択・自己決定を尊重しながら自他ともに自己実現できるようになることを強く願うようになることが挙げられます。そして、複数の視点や短期と長期の時間感覚を使い分けながら子どもの姿を多義的に解釈することができるため、子どものよい面と課題を同時に認識しながら状況に応じて柔軟に対応することができます。そのため、子どもたちが問題状況に直面しているのを見たときにも、教師がその場で介入して直接支援するか、他の子どもの介入を促すか、子ども同士で解決する姿を見守るかなど、その場の状況や子どもたちの関係性、短期的目標と長期的目標などを考慮しながら柔軟に判断して行動することができます。教育方法についても、一つの方法にこだわることなく、多様な見方、考え方や方法を目的や状況に応じて適切に使い分けたり複合的に用いたりすることができます。

この段階は個人主義的段階と同様、マズローの欲求階層説の自己実現欲求と対応していますが、個人主義的段階では個人としての自己実現を追求する欲求であったのに対して、自律的段階では社会や集団の関係性の中で自他ともに自己実現を追求する欲求へと発達しています。そのため、自他ともにありのままのよさがあること、そして、存在すること自体に価値があることが認められている環境の中で自他ともに自己実現を追求する欲求が適切に育った場合には、発達は停滞したり後退したりすることがあり、人間関係においても依存する時期や依存される時期があることを踏まえながら長期的な目線で自他ともの成長や発達を支え合って自己実現に向かうことができます。しかし、成長や発達を急いで目に見える成果を求める環境では、遊びや休息、余暇の価値を認めることができず、成果を示すためにハードルを高く設定して休まずに活動し続けることが自己実現であると捉えて、自他ともに過度の努力を求めてしまいがちです。

よく見られる回答例

この段階の欲求が強い場合、「どんな教師になりたい?」という問いに対して、たとえば次のような回答が見られます。

・子どもを自らの課題に向き合わせて、乗り越えることができるよう指導したい。
・子どもたちが互いのよい面と課題を理解し合い、課題を乗り越えられるよう支え合うことができるよう指導したい。
・子どもの発達段階に応じて、多様な方法を適切に使い分けながら成長を促すことができる教師になりたい。

これらの回答には、子どもたちが自分の課題に向き合って主体的に乗り越えながら成長するための支援をしようとする点が共通しています。もちろん、課題に向き合って乗り越えることは子どもの成長に必要なことですが、その課題は子ども自身のやりたいこと、なりたいものとつながっており、乗り越える必要性を感じている場合に子ども自身にとって取り組んでみたいもの、乗り越える必然性のあるものとなります。

自他ともにありのままのよさがあること、そして、存在すること自体に価値があること、さらに、これまでの我が国の学校教育制度では実現困難ですが自分のペースで学習を進めることが認められている環境では、子ども自身が課題に取り組む必然性を感じられるよう配慮し、子ども自身が取り組んでみたいと思うまで待ったり、今、子どもが取り組んでみたいと感じる課題を個別に設定したりすることが可能になります。また、この段階以降ではこれまでの段階以上に無意識の領域にも配慮する必要が出てきます。教師と子どもたちの無意識の領域から生まれるチャッターを減らし、自分が本来的に好きなこと、やってみたいことに向かえる環境を生み出すことが教師も子どもたちも長期的に持続可能な成長と発達を遂げるために必要となります。しかし、成長や発達を急いで目に見える成果を求める環境では、教師や子どもたちのチャッターを自覚し、減らす余裕がないままに目先の課題を乗り越える努力を休まず続けて燃え尽きる寸前の状態に陥ることもあります。そのような場合、たとえば、

・子どもたちや人々の成長に貢献できなければ自分には存在意義がない。

・教育活動や教育方法は、常に進歩、成長し続けなければ意味がない。

・これまでの教育方法の中にすべてがあるのでそれを受け継ぎさえすれば新たな方法は必要ない。

といった反応を示すこともあります。

こだわりの手放し方（陥りやすい課題とその克服方法）

自他ともに自己実現を追求する欲求が強く、成長や発達を急いで目に見える成果を求める職場環境にいる場合に陥りやすい課題として、課題の克服と成長にこだわり過ぎることで学習活動それ自体を楽しむことを忘れてしまうことが挙げられます。そのような場合、教師と子どもたちの多くが集団として「課題を克服しなければならない」というチャッターを共有している可能性があります。外面的には子どもたちが課題の克服に主体的に協働する集団となりますが、次第についていけない子どもが脱落していったり、課題の克服と成長の成果をあげられていないと感じて無力感に襲われたりする可能性もあります。

このような問題を回避し、持続可能な成長や発達に向かうためには、まず課題に向き合うことや自他の成長に対するこだわりを一旦手放すことが必要です。そして、活動自体を楽しむことや余暇や遊び、休息の重要性にも目を向けることで、焦らず自分や子どももそれぞれのペースで進んだり休息したりしてもよいと捉え直して、余暇や遊びの活動も取り入れるとよいでしょう。その上で、特別活動や総合的な学習の時間を用いて教師と子どもたちのチャッターを自覚して捉え直すことでチャッターを減らしながら、本来的にやりたいこと、なりたいものを見つける活動と、子どもたちそれぞれのやりたいこと、なりたいものに共通する課題を設定して協働する活動を並行して進めることも大切です。具体的にこのような学習形態が実現されている学校の一例として、N高等学校が挙げられます。N高等学校では、教科学習はオンラインのオンデマンド形式で行われ、ある程度生徒のペースで進めることができるようになっています。そして、プロジェクト学習ではコミュニケーション能力やICTを用いた自己表現能力といったこれからの社会で共通に求められるスキルを高める学習内容と子どもたちの興味・関心や進路に沿って設定された多様な学習内容から選択してグループで取り組む活動が用意されています。このような学習形式に子どもたちのチャッターを減らす活動を取り入れることができれば、さらに成長や発達の持続可能性を高めることができるでしょう。

また、「人は常に成長し続けなければならない」「人は自分の人生の意味を見いだし、使命を果たさねばならない」というチャッターを「現在の自他のありのままの姿にもよさがある」と捉え直すことも大切です。

この段階を超えて含んだ場合に想定される教師像

自他ともに自己実現を追求する欲求を適切に超えて含んで道具化することができた教師は、複数の見方、考え方や方法を統合する枠組みに基づいて、目的や状況に応じて複数の見方、考え方や方法を適切に使い分けたり複合的に用いたりする方法を明確にして使いこなすことができるようになります。多様な発達段階にある子どもたちから構成される学級集団で子どもたち一人ひとりが衝突したり協力したりすることで互いに学び合い、支え合う学習活動を通して、それぞれの子どもが将来生きる社会を見通して、それぞれの子どもに適切な発達段階までの成長を促すことができるようになります。

column
03

自我発達段階とマインドセット

ピーター・ジョンストンの『オープニングマインド』はキャロル・ドゥエックが示した学習に対する二つの心の姿勢である固定マインドセットとダイナミックマインドセットの考え方を学校での事例に則してわかりやすく解説したものです。ジョンストンは固定マインドセットの能力・課題・学習に対する見方の特徴をおおよそ次のようなものとしています。

・頭のよさや個性は固定されていて自分で変えることはできない。
・大切で価値あることは正解を出せることであり、そのことが頭のよさを示している。
・努力せず難なくできる人は能力が高く、失敗したり間違えたりする人は能力が低い。
・難しく、新しい課題はリスクとストレスが大きい。
・能力とは個人の頭のよさであり、人よりも効率よくできる力をもっていることである。

これらの見方は、良心的段階までのチャッターと深くかかわっています。特に規則志向的段階や順応的段階の「間違えてはならない」「できないことは恥ずかしい」といったチャッター、自意識的段階の「(手順や方法が)完璧でなければならない」といったチャッター、良心的段階の「テストで100点を取る目標を達成しなければならない」といった成果主義のチャッターが生まれる環境にあると固定マインドセットにとらわれやすくなります。これらのチャッターが生まれる環境は、基本的に競争的で子どもたちに緊張を迫ることで交感神経優位となり、闘うか逃げるかの行動を起こすための身体反応を引き起こします。その結果、新しいことや正解のない課題にチャレンジすることを避ける傾向が強くなります。

これに対して、ダイナミックマインドセットの能力・課題・学習に対する見方の特徴はおおよそ次のようなものとされています。

・頭のよさや個性は、努力によって自分で変えることができる。
・大切で価値あることとは課題に取り組む過程の失敗や試行錯誤から学ぶことである。
・努力せず難なくできる人は課題に向き合うことを避けている可能性があり、失敗したり間違えたりする人は課題に向き合える可能性がある。
・難しく、新しい課題は失敗や間違いがあっても取り組みがいがある。
・能力とは、他の人と協力して課題に挑戦し続けることで学ぶ力をもっていることである。

これらの見方は、安心、安全と感じる環境で腹側迷走神経、すなわち他者とつながって協力するために話したり聞いたりする神経系を活性化している状態にあることと深くかかわっています。良心的段階までのチャッターが少ない人の場合には環境によらず比較的ダイナミックマインド寄りの傾向でいられることが多いと考えられます。しかし、チャッターが多い人の場合、まず安心、安全で自分の居場所があり、自分の意見を率直に話して受けとめてもらえることと失敗や間違いを共有しながら互いに学び合うことができる環境が保証されていることがダイナミックマインドセット寄りの見方をするための前提条件となります。

固定マインドセットとダイナミックマインドセットは見方、考え方の両極であって、実際には両極の間でどちら寄りかといった傾向と捉えた方がよいでしょう。また、固定マインドセットとダイナミックマインドセットにはそれぞれメリットとデメリットがあります。固定マインドセットは明確な正解のある課題に対して個人が一定の知識や技能を用いて効率よく解決する能力に着目しており、学習の成果ができる・できないの形で明確に示されるので、努力が必要な内容とその成果がわかりやすく安心できるメリットがあります。その反面、失敗や間違いを恐れて困難で正解が不明確な課題に挑戦する意欲を失ってしまうデメリットもあります。ダイナミックマインドセットは明確な正解や解決方法が存在しない課題に対して集団で協力して試行錯誤しながら取り組み続ける能力に着目しており、正解が不明確な課題にも周囲の人と協力して挑戦し続けることで学びが得られて成長できるメリットがあります。その反面、学習の過程で学んだ内容が質的に評価されるので、努力が必要な内容とその成果がわかりにくいデメリットがあります。

固定マインドセットとダイナミックマインドセットはどちらがよい・悪いではなく、目的と状況に応じて柔軟に使い分けられることが望ましいと考えられます。そのためにも特に良心的段階までのチャッターを減らすことが大切です。

第4章

chapter-4

どんな子どもに育てたいのか？

子どもの将来の発達を妨げるチャッター／チャッターを超えて発達を促すための視点

指導へのこだわりの背景にあるチャッターに気づく

本章では、まず「どんな子どもに育てたいのか?」という問いに対する回答例に含まれる指導の発達論的射程、すなわち、どの自我発達段階からどの段階まで子どもたちが発達するよう促すことを想定したものか、そして、その指導に対するこだわりの背景にあるチャッターとその課題について示します。その上で、教員採用試験の面接で出題されるような場面指導の例を基に、指導の発達論的射程が異なる複数の指導例について説明していきます。

第3章を通して自分の発達段階の最も後の段階と重心段階、および固着段階の見方、考え方がある程度自覚できるようになったと思います。自分の発達段階の最も後の段階の見方、考え方とは、知的にはその見方、考え方が理解できていますが自分の感情や欲求に動かされているときには実践できなくなってしまう見方、考え方のことです。重心段階の見方、考え方とは、日常的な指導を行うとき実際に依拠している思考や判断を支えている見方、考え方のことです。そして、固着段階の見方、考え方とは、ある特定の状況で強いこだわりとそれを正当化する感情を伴って行われる見方、考え方のことです。本章では、指導の観点から、これらの見方、考え方についての自覚を深めた上で、教師の発達段階やチャッターが子どもたちに及ぼす影響についての理解を深め、教師自身がより後の段階へと発達を進めるための指針を示します。

子どもに対する指導を発達論的に考察する場合、教師と子どもの発達段階および指導の発達論的射程の三つの要素を意識する必要があります。まず、教師の発達段階の最も後の段階については、本章に示した回答例を客観的に見たときに最もよい指導だと思うものが示された段階が該当します。その指導方法のよさについて知的に理解できても、実際にはその指導方法をそのまま真似て、よい結果が得られることは少ないでしょう。その理由として、子どもの発達を促す学級の環境づくりができていないために、子どもの発達段階がその指導方法の発達論的射程に達していないこと、そして、教師自身がまだその指導方法を対象化できていないので目的や状況に応じて適切に用いることができないことが挙げられます。つまり、教師がよいと思う指導方法を用いて効果をあげるには、教師自身がその指導方法のよい点と課題を認識した上で目的と状況に応じて用いることができる発達段階に進むこと、そして、子どもの発達段階がその指導方法の発達論的射程に達していることが必要となります。

そのため、実際の指導では教師の発達段階の最も後の段階より少し前の段階あるいは重心段階の指導方法を用いることになります。この場合には、指導方法のよい点と課題を自覚しながら目的や状況に応じて意識的に用いた上で、指導の振り返りを行うことができます。しかし、この場合も指導が効果を発揮するには、子どもの発達段階がその指導方法の発達論的射程に含まれている必要があります。また、指導方法の発達論的射程より後の段階に進んでいる子どもに対して、その指導方法を用いた場合、子どもが面従腹背の状態になりやすく、その指導を継続して行うことで子どもにチャッターを生み出す可能性もあります。

さらに、教師に固着段階があると固着が起きた体験を連想させる状況で、チャッター、すなわち自動的に発動するネガティブな感情に動かされた結果、特定の指導方法への強いこだわりが生まれることがあります。この場合、指導方法の発達論的射程が前の段階に留まっていることが多く、その段階より後に進んでいる子どもが、面従腹背になるだけでなく教師が感情的になっていることを見透かしてしまうため教師に不信感を抱きやすくなります。また、子どもの言動に対する捉え方もネガティブになることで、さらにその指導方法の必要性が正当化されてしまう悪循環が生じるため、マルトリートメントが起こりやすく、教師と子どもの両方にチャッターを増殖させてしまうことになりがちです。

固着段階は、教師の理想とする指導の在り方と無意識的に行っている現実の指導との間にズレや矛盾を生み出します。また、教員採用試験の志望理由書と面接や模擬授業、小論文で相互に矛盾する記述や言動をしてしまい、一貫性がないと評価されてしまうことも考えられます。教壇に立った後に指導の振り返りをしても問題に気づきにくく、周囲から指摘されても修正することが困難になりがちです。このような事態に陥ることを防ぐために、どんな子どもに育てたいか、について、そう思ったきっかけと関連するエピソードにネガティブな経験が含まれていないか確認し、ネガティブな経験が含まれている場合にはそこから生じたチャッターを捉え直しておくことが必要です。さらに、時間をかけて内省を深めつつ発達段階を後の段階へと進める努力をすることでチャッターを克服することが大切です。

指導方法の発達論的射程については、子どもの発達段階より1〜2段階後の段階を射程とする指導方法を用いることで、子どもの発達を促すための見通しのある柔軟な指導ができるでしょう。そのような指導方法を道具的に用いるためには教師自身の発達段階は子どもの発達段階より2〜3段階以上後の段階に達していることが必要となります。現在の我が国の社会のモード段階が順応的段階から良心的段階と考えられることから、これからの教師は重心段階について個人主義的段階、最も後の段階について自律的段階への発達を目指す必要があるでしょう。

発達段階を進めるために、現在の自分の最も後の段階の「どんな子どもに育てたいのか」に対する回答例について、その指導方法の課題と後の段階への見通しがある場合の指導方法を知的に理解することで発達の見通しをもつとよいでしょう。そして、現在の重心段階の

「どんな子どもに育てたいのか」に対する回答例について、その指導方法の課題を理解した上で後の段階への見通しがある場合の指導方法を実践に移して子どもの反応の違いを確認してみるとよいでしょう。固着段階がある場合には、その指導方法へのこだわりの背景にある教師自身のチャッターと、そのチャッターが起こりやすい場面や状況を確認した上で、そのような場面や状況に直面したときに、そのことを自覚して、その段階に固着がない場合あるいは後の段階への見通しがある場合の指導方法を実践に移して子どもの反応の違いを確認してみるとよいでしょう。

例①言われたことをきちんとできる（自己防衛的段階・規則志向的段階）：「きちんとしなければいけない」／言われたことのよさや理由をともに考える

この回答が想定する指導方法の発達論的射程

「どんな子どもに育てたいのか？」に対して、「言われたことをきちんとできる子どもに育てたい」という回答は、それができていない発達段階、すなわち自己防衛的段階以前の子ど

もを想定していると考えられます。この回答のバリエーションとしては、

・当たり前のことが当たり前にできる子ども
・よいことと悪いことの区別ができる子ども
・言うことが聞ける子ども

が考えられますが、いずれも、生活習慣に関するしつけや集団のルールを教える指導など行為の仕方を型にはめる形で身につけさせる指導方法が想定されていると考えられます。もう少し具体的に言えば、教師の求める通りに行動できた場合に子どもを褒め、できなかった場合に叱ることで、一定の行動ができるよう指導する方法です。この回答が想定する指導方法の発達論的射程は、自己防衛的段階から規則志向的段階までです。

自己防衛的段階の子どもの発達課題は教師や養育者からのケアやサポートを受けることで信頼関係を結んだ土台の上に他者との間で自分から行動を起こして欲求を満たしたり満たせなかった欲求に対処したりする経験をすることです。規則志向的段階の子どもの発達課題は集団のルールを守ることで周囲の人々に自分を受け入れてもらったり好意をもってもらったりすることを通して他者を信頼する経験や、信頼できる大人の支えを受けながら自分の行動で相手がどう感じるかを適切に捉えて、相手にとって適切な行為と不適切な行為を区別する経験をすることです。したがって、行為の仕方を型にはめる形で身につけさせる指導方法を

用いて子どもの発達を促す際の前提として、教師が子どものケアやサポートを適切に行って教師と子どもの間に信頼関係ができていること、そして、発達の過程で子どもがしばしば不適切な行為をすることがあっても、教師や周囲の子どもたちとの関係が壊れてしまわないようケアやサポートをし続けることが必要となります。

教師がこの指導方法にこだわっている場合、しばしば子どもに「言うことを聞かせる」「言うことを聞かない子」「言うことが聞けない子」といった表現がされることがあります。このようなとき、子どもを型にはめることへのこだわりによって子どもに対するケアやサポートが欠け、指導方法の効果が見られなくなってしまいがちです。教師の指導方法へのこだわりの原因として、教師自身の規則志向的段階や順応的段階への固着によって、自分自身が周囲から受けとめてもらうために「周囲に合わせなければならない」あるいは「自分の居場所をつくらなければならない」といったチャッターに動かされている可能性が考えられます。これらのチャッターは、子どもたちが自分の言う通りに動いている姿を同僚に見せなければ教師として受け入れてもらえないのではないか、あるいは職場に受け入れてもらえないのではないかといった不安を生み出します。子どもたちよりも自分自身の不安、すなわち一人称（わたし）の視点に意識が奪われた結果として、自分の指導方法を目の前の子どもがどのように受けとめているか、という二人称（あなた）の視点が抜け落ちた状態が「言うことを聞か

例①言われたことをきちんとできる（自己防衛的段階・規則志向的段階）

ない子」などの表現に表れています。教師がこのようなチャッターに動かされて指導した場合、子どもにも「〇〇しなければならない」というチャッターを生み出してしまいます。

実際には、子どもたちは教師の「言うことを聞かない」のではなく、具体的に何をどのようにしてほしいのか、教師の意図がわからなかったり、何らかの理由でその行動ができなかったり、事情があってその行動をしたくなかったりといった状況にあることがほとんどです。教師が自分自身を客観的に見ることができれば、このことは理解できるはずですが、不安に駆られていると見失いがちです。そのため、まずは規則志向的段階や順応的段階のチャッターを自覚することが必要です。その上で、自分の指導方法を子どもはどのように受けとめているのか、確認して必要なケアやサポートを行うことで子どもとの信頼関係を築きながら、よいことや悪いことについて理由を教えたり子どもと一緒に考えたりすることが大切です。

場面指導に対する対応例

場面指導例　休み時間に教室でボールを投げて遊んでいる子どもたちがいる。どのように指導するか。

この場面指導例で、教師自身に自己防衛的段階への固着がある場合には、子どもに対するコントロール欲求が強いために「教室でボールを投げるな！」と、いきなり怒鳴りつけてボール投げをやめさせる指導になりがちです。また、規則志向的段階あるいは順応的段階への固着がある場合も「やめなさい」と制止して教室でボールを投げてはいけない理由を説教する指導になりやすいでしょう。子どもとの信頼関係のある教師がこれらの指導を行った場合、子どもは、教室でボールを投げてはいけないきまりがあるということを学び、次第に教室でボールを投げなくなるでしょう。しかし、教師がいないときに学級に影響力のある仲間から誘われるとボール投げをしてしまいがちです。この指導方法の発達論的射程は自己防衛的段階から順応的段階までと考えられます。この指導方法は一般的に小学校中学年頃から到達し始める自意識的段階の子どもに対しては一時的にボール投げをやめさせる程度で実質的な効果をもちません。

教師に前の段階への固着がなく、順応的段階以降、良心的段階まで子どもが発達することを促す視点がある場合には、子どもに教室でボールを投げてはいけない理由を教えたり子どもと一緒に考えたりする指導方法をとることが多いでしょう。具体的には、行為を制止した後、教室でボールを投げてはいけない理由を子ども自身に尋ねてみて、適切な理由を挙げている部分を認めた上で、不足している視点を補いながら諭す指導をするのが一般的に適切とされる対応と考えられます。子どもとの信頼関係のある教師がこの指導を行った場合、子どもは、周囲の子が嫌がるから、危ないから、あるいは、教室の物を壊してしまうから、といった具体的な理由を基に教室でボール投げをしないという判断をすることができるようになるでしょう。ただし、順応的段階の子どもは、学級の多数派が教室でボール投げをしてもよいと言えばボール投げをするかもしれません。また、自意識的段階の子どもは、やってはいけない理由を理解した上で、たとえば、雨が降って外でボール投げができないから仕方ない、というように自分に見えている狭い視野から教室でのボール投げを正当化することがあります。これらの場合も子どもに不足している視点を教師が補いながら諭す指導によって慣習的な規範を内面化した良心的段階までの発達を促すことができるでしょう。しかし、この指導方法には、教室でボールを投げてはいけないのは当たり前という暗黙の前提があり、指導方法の発達論的射程は自己防衛的段階から良心的段階までと考えられます。

個人主義的段階以降の段階まで子どもが発達することを促す視点がある場合には、たとえば次のような指導例が考えられます。まず教室の状況を確認して、他の子どもたちが危険や迷惑と感じている様子が見られた場合に一旦行為を制止します。教室でボールを投げてよいと思う理由と投げるのはよくないと思う理由についてボールを投げた子ども自身に尋ねた上で、周囲の子どもたちにも教室でボールを投げてもよいと思う理由と投げてはいけない理由を挙げてもらいます。そして、学級会で教室での遊び方のルールについて話し合って決めるよう促す指導方法が考えられます。子どもたちの間に理由を添えて自分の意見を発言し、他者の意見を聴くことができる姿勢が整っており、良心的段階の子どもたちが発言力をもっている学級でこの指導を行った場合、子どもたちはボール投げをしたい理由とボール投げをしてはいけない理由について主体的かつ広い視野から考えられるようになり、この問題を解決したり折り合いをつけたりする方法も考えられるようになるでしょう。ただし、順応的段階の子どもたちが多数派を占める学級では最初に発言した数人の子どもの意見によって大勢が決まりがちになったり、自意識的段階の子どもたちが発言力をもっている学級では狭い視野から自分の意見を正当化する意見が対立し合うことになったりする可能性もあります。そのため、この指導方法が適切に機能するためには、第2章に示した多元型組織の説明で述べたように、子どもたち全員が学級の価値観と目的を共有し、互いの個性や能力のよい面と課題を理解して目標達成のために支え合う学級づくりをしていることが前提となります。この指導方法の発達論的射程は多元型組織の学級づくりの前提を満たしている場合には順応的段階から個人主義的段階までとなりますが、前提を満たしていない場合には良心的段階から個人主義的段階までと考えられます。

例②協調性がある（順応的段階）：「周囲の期待に応えなければ」「わがままではないか」／自他の違いを踏まえた上で相手の気持ちや状況を受けとめる

この回答が想定する指導方法の発達論的射程

「どんな子どもに育てたいのか？」に対して、「協調性がある子どもに育てたい」という回答は、それができていない発達段階、すなわち規則志向的段階以前の子どもを想定していると考えられます。この回答のバリエーションとしては、

・みんなと仲良く協力できる子ども
・きまりを守れる子ども
・集団行動ができる子ども

が考えられますが、いずれも仲間への共感を通して集団の目的や規範に沿って集団の成員と友好的に行動することのよさを身につけさせる指導方法が想定されていると考えられます。もう少し具体的に言えば、クラスメートと仲良くできたり、学級のきまりを守れたり、仲間と協力して学級の目標達成に向けて努力したりする経験のよさについて共感的に理解させる

ことで協調性のある行動ができるよう指導する方法です。この回答が想定する指導方法の発達論的射程は、規則志向的段階から順応的段階までです。

規則志向的段階の子どもの発達課題は集団のルールを守ることで周囲の人々に自分を受け入れてもらったり好意をもってもらったりすることを通して他者を信頼する経験や、信頼できる大人の支えを受けながら自分の行動で相手がどう感じるかを適切に捉えて相手にとって適切な行為と不適切な行為を区別する経験をすることです。順応的段階の子どもの発達課題は集団の規則や目的を仲間と共有し、それらに従って行動することで集団の一員として認められ、自分の居場所を見いだす経験や集団の中で自分の役割を果たすことで集団に貢献する経験、仲間と助け合って集団の目標を達成する経験をすることです。したがって、集団の目的や規範に沿って友好的に行動するよさを共感的に身につけさせる指導方法を用いて子どもの発達を促す際の前提として、教師が個々の子どものケアやサポートを適切に行って信頼関係を築いていること、集団の中で子どもたちがそれぞれに果たせる役割を与えること、全員で共有できる目標を設定すること、そして、集団行動がうまくできない子どもがいる場合に子どもたち同士で助け合えるようケアやサポートをすることが必要となります。

教師がこの指導にこだわっている場合、しばしば子どもに「わがままな子」「空気の読めない子」「周りに合わせられない子」といった表現がなされることがあります。このようなとき、強制的に子どもに一定の集団行動をさせることへのこだわりによって子どもに対するケアやサポートが欠けてしまうとともに周囲の子どもも教師に同調してその子どもを集団から排除してしまうことで指導方法の効果が見られなくなってしまいがちです。教師の指導方法へのこだわりの原因として、前節と同様、教師自身の規則志向的段階や順応的段階への固着によって「周囲の期待に応えなければ」「周囲に合わせなければならない」「自分たちと違う言動や外見の人はわがままだ」「集団の規則や目的に沿わない人は協調性がない」などのチャャッターに動かされている可能性が考えられます。また、自意識的段階の完璧主義のチャッターに動かされている可能性も考えられます。これらのチャッターは教師が理想とする「協調性のある学級集団」の姿を絶対視し、そこから少しでも外れた言動をする子どもがいると理想が崩れてしまう不安を生み出します。そして教師が理想とする集団行動ができない子どもを排除することで学級集団の結束を強めようとすることにもなりがちです。このとき、教師と子どもたちの関係は教師と個々の子どもの関係が中心となっており、子どもは教師の理想についてくるかどうかで集団内の「わたしたち」と集団外の「彼ら」に分けられます。教師には自分自身（一人称）と「わたしたち」である集団内の子ども（二人称）の視点はありますが、「彼ら」とされた子どもや学級外の人々（三人称）の視点が抜け落ちています。三人称の視点が抜け落ちると、教師自身が理想としている「協調性のある学級集団」の規範が多様な子どもたちに受け入れられるか、他の教師や外の社会から見ても適切か、確認し、規範を修正することができなくなります。その結果、「協調性」の名のもとに「わがままな子」に対して個々の子どもの実態に合わない不適切な指導をしてしまうことにもなりがちです。実際には、「わがままな子」は教師が求める「協調性」のある行動が具体的にどのような行動かわかっていなかったり、教師が求める行動をしようとしながらも、できていなかったり、事情があってその行動ができなかったりすることがあります。不適切な指導に陥らないために、まずは自分自身の「期待に応えなければ」「わがままではないか」といったチャッターを自覚することが必要です。その上で、自他の「協調性」や集団行動の理想には違いがあることを踏まえた上で個々の子どもの気持ちや状況を受けとめながら、これからの社会で必要とされ、しかも子どもたちが受け入れられる「協調性」や集団行動の理想について子どもたちとともに考えながら創り上げることが大切です。したがって、良心的段階までの視点での協調性は、クラスメートと仲良くできたり、学級のきまりを守れたり、仲間と協力して学級の目標達成に向けて努力したりできる性質と捉えられますが、個人主義的段階以降の視点での協調性は、それを超えて含む形で、集団の目的に照らしてメンバー全員の多様性を踏まえながら目標やきまりを設定したり柔軟に修正したりする活動にかかわろうとする性質が加わります。

例②協調性がある（順応的段階）

場面指導に対する対応例

場面指導例　Aさんが隣の席の子どもとおしゃべりをしていたので注意したが、時間をおいてまた後ろの子とおしゃべりしていた。注意すると「わからないから、Cさんに聞いてるの」と言われた。Aさんにどう指導するか。

この場面指導例で、教師自身に規則志向的段階あるいは順応的段階への固着がある場合には「わからないなら先生に聞きなさい」とAさんに言って授業中の私語を一切禁止する指導をすることになりがちです。この指導からAさんが学ぶ内容は、「授業中は黙って座っていなければならない」ということであって、わからないことを教師に質問することではありません。なぜなら、「わからない」と言っているにもかかわらず、教師はわからない内容についてAさんに尋ねていないからです。そのため、「わからないなら先生に聞きなさい」という教師の言葉は「授業中は子ども同士で勝手に話してはいけない」という学級集団の規範を伝えているに過ぎないことになります。この指導方法の発達論的射程は規則志向的段階から順応的段階までと考えられ、自意識的段階の子どもに対しては実質的な効果をもちません。

教師に前の段階への固着がなく、順応的段階以降、良心的段階まで子どもが発達することを促す視点がある場合には、まず事実確認をしてAさんの言動のよい点も認めた上で課題について指導する方法をとることが多いでしょう。具体的には、まず、Cさんにどんなことを聞いていたのかをAさんに尋ねて確認した上で、授業に関する内容について質問していた場合には叱らずに質問してわかったかどうか尋ねて、まだわからないところがあれば教室の全員に向けて補足説明をします。そしてAさんに説明してあげたCさんにお礼を述べた上で、Aさんには C さんが説明をすることで教師の話を聞けなくなったことを伝えます。そして、他にも同じところがわからない人がいるかもしれないので、次からわからないことがあれば手を挙げて教師に質問してもらった方がよいと指導します。また、Cさんにどんなことを聞いていたのか、Aさんに尋ねても答えられない場合には、Cさんや周囲の子どもたちにAさんがどんなことを聞いていたのか確認し、授業とは無関係な内容であればAさんがCさんに話しかけることでCさんや周囲の子どもたちが教師の話を聞けなくなってしまうことについて指導します。そして、Aさんの授業中の私語が頻繁に起きている場合には、授業後にAさんを個別に呼び出して授業中に私語をしたくなる理由を確認した上で指導をします。例①と同様な形で、子どもとの信頼関係がある教師がこのような指導をした場合、ある程度時間がかかりますが良心的段階までの発達を促すことができるでしょう。しかし、この指導方法には、授業中に教師が説明しているときには私語をしてはならないのは当たり前という前提があり、指導方法の発達論的射程は規則志向的段階から良心的段階までと考えられます。

例②協調性がある（順応的段階）

個人主義的段階以降まで子どもが発達することを促す視点がある場合には、たとえば次のような指導例が考えられます。まず、授業で教師が説明しているときに私語をしている子どもが複数いる場合には、説明している内容でわかったこととわからないことについて隣同士で話してみる時間を取り、そのあとわからないことを何人かに発表してもらいます。そして、わからないことについて説明できる子どもがいればその子どもに説明してもらい、いなければ教師が説明します。また、授業の構成についても普段から子どもたちが何分間程度集中して説明を聞けるか確認し、説明する時間と話し合いや演習をする時間を適切に配分します。その上で、たとえば解答も解答に至る過程も多様に考えられる課題のように、その教科が得意な子どもも苦手な子どもも参加でき、取り組んでみたくなるような課題設定をすることで授業と関係のない私語をしたくなる環境を解消することが考えられます。この指導方法も例①と同様、多元型組織の学級づくりの前提を満たしている必要があるため、発達論的射程はこの前提を満たしている場合には順応的段階から個人主義的段階まで、満たしていない場合には良心的段階から個人主義的段階までと考えられます。

例③自己主張ができる（自意識的段階）：「どうせわかってもらえない」「自分は正しくて相手は間違っている」／他者から理解してもらえるよう自分の考えや意見をわかりやすく伝える

この回答が想定する指導方法の発達論的射程

「どんな子どもに育てたいのか？」に対して、「自己主張ができる子どもに育てたい」という回答は、それができていない発達段階、すなわち順応的段階以前の子どもを想定していると考えられます。この回答のバリエーションとしては、

・自分の考えを自分の言葉で伝えられる子ども
・自分の個性を発揮できる子ども
・自分で判断して行動できる子ども

が考えられますが、いずれも教師に意見や指示、判断を求めずに子ども自身が自分で考え、判断し、行動することができるよう、子どもからある程度距離をとって見守る指導方法が想定されています。もう少し具体的に言えば、それまで教師や周囲の子どもの意見をそのまま

受け入れて復唱してきた子どもに対して自分の言葉で自分の考えを発言できるよう促したり、活動の細かい内容まで教師にどうしたらよいか尋ねていた子どもに対して自分で判断して行動するよう伝えたりする指導方法です。したがって、この回答が想定する指導方法の発達論的射程は、順応的段階から自意識的段階までです。

順応的段階の子どもの発達課題は集団の規則や目的を仲間と共有し、それらに従って行動することで集団の一員として認められ、自分の居場所を見いだす経験や集団の中で自分の役割を果たすことで集団に貢献する経験、仲間と助け合って集団の目標を達成する経験をすることです。自意識的段階の子どもの発達課題は自分の意見や考えを自分の言葉で表現することで自分の主張のよさを他者から認められる経験、自分の長所と短所を客観的に見つめて判断し、長所を生かしたり短所を補ったりする行動ができていることを他者から認められる経験、他者の言動について、その意図や背景を捉えて判断した内容に応じた行動ができていることを他者から認められる経験をすることです。したがって、子どもが自分で考え、判断し、行動できるよう見守る指導方法を用いて子どもの発達を促す際の前提として、教師と子どもの信頼関係の土台の上に子どもたちが自分の居場所を感じ、仲間と助け合える学級づくりができていること、教師や子どもたちが他の子どもの意見や言動のよさを認め合う環境ができていること、自他の長所と短所を客観的に見つめて互いの長所を生かしたり短所を補ったりする活動ができる環境を整えることが必要となります。

教師がこの指導にこだわっている場合、しばしば「自分の意見がない子」「教師の顔色ばかりうかがう子」といった表現がなされることがあります。このようなとき、自分の意見が言えることや自分で判断することへのこだわりによって、強制的に子どもたちに自分の意見を言わせたり、教師に助言指導を求めてきた子どもを突き放したりしがちです。そのため子どもに必要なケアやサポートが欠けてしまったり、子どもが周囲に支援を求めづらい状況をつくってしまったりすることで、指導方法の効果が見られなくなってしまいます。教師の指導方法へのこだわりの原因として、教師自身の自意識的段階への固着によって「自分は正しくて相手が間違っている」「他者と同じ意見・行動ではいけない」「（手順や方法が）完璧でなければいけない」などのチャッターに動かされている可能性が考えられます。これらのチャッターは教師自身や子どもたちが集団の思考や行動に動かされて自分で考えない状態に引き戻されることへの不安を生み出します。そして、教師の理想に沿った意見や言動が読み取れない子どもを排除することになりがちです。子どもが自意識的段階へ発達して自分で考えたり判断したりし始めたときには、自分の経験による狭い視野の範囲内での正しさにこだわり、自分の意見や判断に対する批判を自分の全人格の否定と捉える傾向があります。そのため教師が子どもの意見や判断のよい点と課題を冷静に指摘しても子どもはしばしば感情的に反発

例③自己主張ができる（自意識的段階）

する傾向がありますが、教師自身も視野が狭くなっている場合には、どうせ言ってもわかってもらえないと決めつけて子どもの意見や判断を全否定してしまい、子どもを反抗的にしてしまいがちです。子どもの視野の狭さによる感情的反応を冷静に受けとめて子どもが自分の課題に向き合えるよう待つために、まずは教師自身のチャッターを自覚することが大切です。その上で、教師が、あるいは子どもたち同士で、子どもの意見や判断の理由を確認して、そのよい点と見落としている点を客観的に伝えたり、確認し合ったりすることが大切です。そうすることで、教師も子どもたちも立場の異なる他者から理解してもらえるよう自分の考えや意見をわかりやすく伝えることができるでしょう。

場面指導に対する対応例

場面指導例 廊下を走っているA君を注意したところ、「どうして自分だけ注意するのか、差別だ」と言われた。どう対応するか。

この場面指導例で、教師自身に規則志向的段階あるいは順応的段階への固着がある場合には、「差別だ」という主張を無視して「危ないから廊下を走ってはいけない」という指導になりがちです。また、自意識的段階への固着がある場合には「走っているのを見つけたら全員注意するのが当たり前」という指導になりやすいでしょう。いずれの場合も「差別だ」という主張に対しては答えていないのでA君の不満は収まらず、今後も廊下を走って注意される度に教師に反発することになりそうです。その背景には教師の側に「どうせ言ってもわかってもらえない」「自分は正しくてA君の主張は間違っている」というチャッターがありそうです。この指導方法の発達論的射程は規則志向的段階から順応的段階までのため、A君のような反発をする子どもにはこの指導方法は効果がありません。

教師に前の段階への固着がなく、良心的段階まで子どもが発達することを促す視点がある場合には、A君の主張を受けとめた上でA君に理解してもらえるようわかりやすく指導することができるでしょう。「どうして自分だけ」という主張は自己防衛的段階の自己中心的な捉え方による場合と、自意識的段階に特徴的な視野の狭さによる場合が考えられます。いずれの場合も「どうして自分だけ」の主張に対しては他者視点で捉えてもらうために「もしもA君が教室から出たときに廊下を走ってきた子にぶつかられたらどう思う?」と尋ねてみるとよいでしょう。その上で、廊下を走って誰かとぶつかったら両方ともけがをするかもしれないのでA君のことも心配して注意していることを伝えます。それからなぜ廊下を走っていたのか理由を聞いてみるとよいでしょう。自己防衛的段階の子どもの場合には自己中心的な理由を挙げることが多いですが、自意識的段階の子どもの場合、たとえば、他の先生から頼まれたものを急いで持っていく必要があるなど、部分的には正当な理由を挙げることがあり

例③自己主張ができる(自意識的段階)

ます。その場合には、急がなければいけない事情を理解した上で、危険なほど急いで走ってはいけないことと、A君が走っているのを見ると他の子どもも廊下を走ってよいと思ってしまうので早歩き程度で急いでほしいことを伝えるとよいでしょう。この指導方法は学校の規則はどんな場合にも守らなければならないことを前提としているので発達論的射程は自己防衛的段階から自意識的段階までと考えられます。

個人主義的段階以降まで子どもが発達することを促す視点がある場合には、たとえば次のような指導例が考えられます。まず、A君が廊下を走っている場面では前述と同様の指導をしますが、その後、学級あるいは学校全体で廊下を歩いていて危ないと思ったこととどんな状況のときに廊下を走りたくなるのかについて子どもたちにアンケートを取り、集計結果を基に安全な廊下にするための話し合いをすることを提案します。この話し合いによって子どもたち自身で廊下の通行状況や危険な環境等に関する問題を把握し、自分たちで安全に対する意識を高めながら問題解決に取り組む姿勢を育てることが可能になります。また、子どもたちから危険な場所や急がなければならない状況の改善あるいは規則の改訂などの提案が出される可能性もあります。その場合には、見落としている視点がないか確認した上で実現可能なものについては改善し、実現困難なものについてはその理由を説明して他の手立てを子どもたちと一緒に検討するとよいでしょう。このような指導方法によって、子どもたちも自分の考えを立場の異なる他者に理解してもらえるようわかりやすく伝えることができるようになるでしょう。

——例④主体的に学ぶ（良心的段階）：「自信がない」「自分にはできない」／常識や当たり前に疑問をもちながら学ぶ

この回答が想定する指導方法の発達論的射程

「どんな子どもに育てたいのか？」に対して、「主体的に学ぶ子どもに育てたい」という回答は、それができていない発達段階、すなわち自意識的段階以前の子どもを想定していると考えられます。この回答のバリエーションとしては、

・自分で学習目標を立てて努力できる子ども
・夢の実現に向けた計画を立てて実行できる子ども
・目標の達成に向けて努力し続ける子ども

が考えられますが、いずれも子どもに目標を設定させて、その達成に向けてあきらめずに努

力を継続できるよう助言、指導する指導方法が想定されていると考えられます。もう少し具体的に言えば、最初に子どもが立てた目標が実現可能なものか、計画に無理がないか確認し、その後も定期的に計画の遂行状況を確認しながら、目標の達成に向けて必要に応じて計画の修正等の助言などをする指導方法です。この回答が想定する指導方法の発達論的射程は順応的段階から良心的段階までです。

順応的段階の子どもの発達課題は集団の規則や目的を仲間と共有し、それらに従って行動することで集団の一員として認められ、自分の居場所を見いだす経験や集団の中で自分の役割を果たすことで集団に貢献する経験、仲間と助け合って集団の目標を達成する経験をすることです。自意識的段階の子どもの発達課題は、自分の意見や考えを自分の言葉で表現することで自分の主張のよさを他者から認められる経験、自分の長所と短所を客観的に見つめて判断し、長所を生かしたり短所を補ったりする行動ができていることを他者から認められる経験、他者の言動について、その意図や背景を捉えて判断した内容に応じた行動ができていることを他者から認められる経験をすることです。良心的段階の子どもの発達課題は目標を立てて適切な見通しをもって行動できていることが認められる経験、他者の適切な内面理解に基づいた判断や行動ができていることを認められる経験、内面化された社会の価値観に則して自分の欲求を表現し、実現できていることが認められる経験をすることです。したがって、自分が立てた目標の達成に向けて助言指導する方法を用いて子どもの発達を促す際の前提として、まず、子どもたちがそれぞれ自分はどうしたいか、どうなりたいかについて考えたことと、そこから立てた目標や計画を互いに共有して計画の立て方などのよさを認め合う活動を取り入れることが必要となります。そして、計画を実行する過程や計画の終了後にも努力する姿のよさを認め合い、向き合っている課題や計画の達成度と残された課題を共有して支え合う活動を取り入れることが必要となります。

教師がこの指導にこだわっている場合、しばしば上位学校の受験などに際して「見通しが甘い子ども」「目標を高望みしすぎる子ども」といった表現がなされることがあります。このようなとき、子どもが立てた目標や計画を否定して教師の目標や計画を押しつけてしまうことで、子どもが自分の目標は達成できないと感じて、自分で目標や計画を立てることに自信を失い、指導方法の効果がみられなくなってしまいがちです。教師の指導方法へのこだわりの原因として、教師自身の良心的段階への固着によって「目標を達成しなければならない」「先を見通して行動しなければいけない」、などの達成主義や完璧主義のチャッターに動かされている可能性が考えられます。教師がこれらのチャッターに動かされると教師や大人が望ましいと考える理想や目標を子どもにもたせて継続的に努力させることを絶対視します。そして、そこから外れた理想や目標をもつ子どもや、理想や目標を具体化していない子ども、努力を継続できない子どもに「自分に問題があるのではないか」「自分には何もできない」といったチャッターを生み出してしまうことにもなりがちです。このとき教師は、自分が生まれ育ってきた社会の理想や目標、計画の立て方、見通しといった三人称の視点をもっていますが、それらが自分の生まれ育った社会を超えたより広い世界から見て、あるいは、急激かつ予測不可能な変化をしつつあるこれからの社会から見てどの程度適切か、といった四人称の視点が抜け落ちています。もちろん子どもが立てた目標や計画に明らかに視野の狭さや見通しの甘さが含まれていることも多く見られますが、まずは、自分自身の達成主義や完璧主義のチャッターを自覚することが必要です。その上で、子どもの立てた目標や計画のよい点を認めた上で、問題点を指摘し、子どもが自ら修正するよう促したり、まだ理想や目標がない子どももいることを認めた上で今、興味のあることややってみたいことに取り組めるよう促したりするとよいでしょう。また、教師自身も予測が困難な社会に対応するため、常識や当たり前と思っていることに疑問をもち、そこからできることややってみたいことに挑戦してみることが大切です。

場面指導に対する対応例

場面指導の例

クラスに友達の間違いや失敗を責めるような雰囲気がみられる。このことについてどのように指導するか。

この場面指導例で、教師自身に自意識的段階への固着がある場合には、他の子どもの間違いや失敗を責めた子どもに対して「間違いや失敗を責めてはいけない」と責める指導になりやすいでしょう。客観的に見れば、教師自身も他者の間違いを責めているので、これでは指導効果がないだけでなく、むしろ教師が間違いや失敗を責める雰囲気を助長することになってしまいます。また、教師が自己矛盾に陥らないようクラス全体に対して「間違えたり失敗したりすることは悪いことではない」と指導する方法も考えられますが、クラスに間違いや失敗を責める雰囲気が生まれている時点では説得力に欠けるでしょう。

教師に前の段階への固着がなく、良心的段階まで子どもが発達することを促す視点がある場合には、クラス全体に見られる「きちんとしなければいけない」「(手順や方法が)完璧でなければいけない」「目標を達成しなければいけない」といった順応的段階から良心的段階のチャッターから間違いや失敗を恐れる雰囲気が生まれていることに気づくことができるでしょう。そして、この雰囲気を解消するために授業の到達目標や課題設定の仕方を変えていくことができるでしょう。具体的には、たとえば、学力差の大きい教科では子どもの学力に応じて到達目標や課題を複数設定してそれぞれの進度で課題に取り組めるようにしたり、その教科が苦手な子どものために学習内容の説明をより細かく段階化した補足資料を作成したり、といった形で子どもたちがそれぞれに自分の目標を設定して確実に達成できる自信をもたせる工夫が考えられます。この指導方法の発達論的射程は順応的段階から良心的段階までと考えられます。この指導方法でコラム③に示した固定マインドセットのデメリットである間違いや失敗に対する過度の恐れや不安を軽減することはできますが、ダイナミックマインドセット寄りの見方、考え方を身につけることにはならないでしょう。

個人主義的段階以降まで子どもが発達することを促す視点がある場合には、たとえば次のような指導例が考えられます。子どもたちが互いの個性や能力のよい面と課題を理解して支え合う多元型組織の学級づくりの基盤の上で、まず、正解や正解に至る方法が複数考えられる課題設定をして子どもたちがグループで多様な見方、考え方を出し合って解答したり、子どもたちのグループで問題をつくって他のグループに問題を出し合って解答したりする学習活動を取り入れます。これらの活動を通して、多様な見方、考え方を取り入れながら試行錯誤することのよさに気づかせていきます。そして、常識や当たり前に対する疑問から生まれた探究課題にグループで取り組むことで、正解や解決策に至るかどうかによらず、その過程で学んだ内容やグループのメンバーそれぞれのよい点と課題、成長を相互に認めて支え合う学習活動へと発展させていくことが考えられます。この指導方法の発達論的射程は順応的段階から自律的段階までと考えられます。

例⑤人の話を否定せずに聴ける（個人主義的段階）

…「意見や考えに優劣をつけてはならない」／他者の言動をその人の文脈から理解する

この回答が想定する指導方法の発達論的射程

「どんな子どもに育てたいのか？」に対して、「人の話を否定せずに聴ける子どもに育てたい」という回答は、それができていない発達段階、すなわち良心的段階以前の子どもを想定していると考えられます。この回答のバリエーションとしては、

・多様な価値観を尊重できる子ども
・自分と異なる意見も受けとめられる子ども
・違いを肯定的に受けとめる子ども

が考えられますが、いずれも自分とは異なる見方、考え方や言動も否定せずに受けとめるよう助言、指導する指導方法が想定されていると考えられます。もう少し具体的に言えば、授業での話し合いや日常生活の場面で、子どもが自分の想定外の意見や言動を見たり聞いたりした際に、否定的に評価して反応せず、まずは、そのような意見や言動があることを認める

よう指導することが考えられます。この回答が想定する指導方法の発達論的射程は自意識的段階から個人主義的段階までです。

自意識的段階の子どもの発達課題は、自分の意見や考えを自分の言葉で表現することで自分の主張のよさを他者から認められる経験、自分の長所と短所を客観的に見つめて判断し、長所を生かしたり短所を補ったりする行動ができていることを他者から認められる経験、他者の言動について、その意図や背景を捉えて判断した内容に応じた行動ができていることを他者から認められる経験をすることです。良心的段階の子どもの発達課題は、目標を立てて適切な見通しをもって行動できていることが認められる経験、他者の適切な内面理解に基づいた判断や行動ができていることを認められる経験、内面化された社会の価値観に則して自分の欲求を表現し、実現できていることが認められる経験をすることです。個人主義的段階の子どもの発達課題は、自分とは異なる見方、考え方、価値観に触れることで自分の視野が広がる経験や、自分の生まれ育った社会環境の価値観にはよい面と課題の両方があることに気づく経験、自分とは異なる見方、考え方、価値観にもよい面と課題の両方があることに気づく経験をすることです。したがって、自分とは異なる見方、考え方や言動も受けとめるよう指導する方法を用いて子どもの発達を促す際の前提として、まず子どもたちが自分の長所と短所を客観的に見つめて受け入れられていることと、他者の言動の背景にある感情や状況を一般的に妥当な形で推測できていることが必要となります。その上で、まずは子どもたちと直接利害関係がないけれども意見が対立しやすい問題について、対立する意見それぞれのメリットとデメリットを挙げることで自分の意見も他の意見も客観的に捉えて視野を広げることが必要です。その上で子ども自身の生まれ育った環境の中での常識となっている習慣や価値観と、それとは異なる習慣や価値観を比較しながらそれぞれについて、よい点と課題を捉えることが必要となります。

教師がこの指導にこだわっている場合、「どんな意見も一切否定してはいけない」「他者の意見を批判してはならない」といった発言をしがちです。このようなとき、子どもたちは自分の意見を主張することが、それとは異なる他者の意見を否定することになるのではないかと感じたり、他者の意見に質問することが批判につながるのではないかと感じたりしてしまいがちです。その逆に教師の発言を盾にしながら一切の批判を無視して自分の排他的な意見を押し通し続けることも可能になってしまいます。教師の指導方法へのこだわりの原因として、教師自身の個人主義的段階への固着によって「意見に優劣をつけてはならない」というチャッターに動かされている可能性が考えられます。このチャッターは、すべての意見は等しく扱われるべきとしながらも、自分自身の意見である相対主義のみ絶対化してしまう自己矛盾を覆い隠すことで、その裏返しとなる排他的な自文化中心主義を批判できなくしてしまいます。このとき教師は、自分が生まれ育ってきた社会の常識や価値観から離れて外から捉える四人称の視点をもち始めていますが、外から捉えることにこだわるため、それぞれの社会の歴史的な経緯や他の社会とのかかわりの中で異なる常識や価値観が生まれてきたことを見落として対等なものと捉えています。個人の意見や言動の扱いについても同じことが言えます。それぞれの人がある意見をもつようになったり、ある言動をするようになったりした背景にある経緯や周囲の人々とのかかわりの時間的・空間的な範囲はさまざまです。そして、その意見や言動が未来に影響を及ぼす際の時間的・空間的な範囲もさまざまです。意見や言動の背景にある文脈を理解することなく、ただ表面的に意見を聞いたり言動を受けとめたりするに留まってしまうことで、教師も子どもたちも後の段階への発達が妨げられてしまいます。

このような問題を克服するには、まず、教師も子どもたちも、他者の意見や言動について聞くだけでなく、なぜそのような意見をもつようになったのか、あるいは、なぜそのような言動をとるに至ったのか、という文脈的な理解のための問いかけをし、その人の文脈から意見や言動を理解しようとすることが大切です。そこから異なる社会の常識や価値観についての文脈的な理解へと広げていくことで自律的段階以降への発達を促すことができるでしょう。

場面指導に対する対応例

場面指導例 受験を控えた生徒と終わった生徒がクラスに混在している。全体に向けて、どのように指導するか。

この場面指導例では、一般的には、受験が終わった生徒に対して、受験を控えた生徒に配慮して学校では自分が合格した話や遊びの話などを一切しないよう指導したり、受験を団体戦と考えて学級全員の受験が終わるまで全員で受験を控えた生徒のサポートをするよう指導したりすることが多いでしょう。この指導方法の発達論的射程は順応的段階から良心的段階までとなります。そのため、個人主義的段階の生徒がいる場合、受験を控えた生徒に対してそこまで配慮しなければならないのか、といった疑問を抱いている可能性があります。教師に良心的段階までの段階への固着がある場合には、生徒の疑問に対して、「これまでも毎年そのようにしてきたのだから、そうするのが当たり前」といった回答に留まりがちです。一方、教師に個人主義的段階への固着がある場合には、それぞれの生徒がしたいように自由にしてよいと考えて特に指導を行わない可能性があります。この場合には良心的段階までの生徒から教室で受験勉強に集中できないといった苦情が出る可能性もありますが、「周囲のことを気にせず自分のするべきことに集中すればよい」と答えるかもしれません。

個人主義的段階の後の段階まで子どもが発達することを促す視点がある場合には、たとえば次のように教師がファシリテーターとなって生徒主導で解決策を考える指導例が考えられます。まず、学級会で受験を控えた生徒と終わった生徒がクラスに混在している状況について、そのよいことや困っていることをエピソードも含めて挙げてもらい、黒板に書き出します。そして、出てきた意見やエピソードから学級の強みと課題をそれぞれ5つずつ程度挙げてもらった後、卒業までの期間を全員がこの学級で学んでよかったと思えるようにするために取り組みたい行動計画を5つ出してもらいます。このようにそれぞれの立場から意見をエピソードも含めて出してもらうことで、自分とは異なる立場の意見に対する文脈的な理解を深めた上で解決策を生徒全員で考えることができます。生徒もファシリテーターとなって問題を自分たちで解決することができるようになれば、さらに発達を促すことができるでしょう。

例⑥探究しながら成長する（自律的段階）：「これまでのやり方は通用しない」／探究する枠組みの相補性から自分の探究を意義づける

この回答が想定する指導方法の発達論的射程

「どんな子どもに育てたいのか？」に対して、「探究しながら成長する子どもに育てたい」という回答は、それができていない発達段階、すなわち個人主義的段階以前の子どもを想定していると考えられます。この回答のバリエーションとしては、

・自ら疑問を抱いて課題に取り組む子ども
・学習をとおしてもっと知りたい、学びたいと思う子ども
・自ら問いを立てながら試行錯誤ができる子ども

が考えられますが、いずれもこれまでの教科書を中心とした指導方法とは異なる新たな方法や教材を取り入れながら、子どもたちから出た疑問や知りたいことを自由に探究するよう助言、指導する指導方法が想定されていると考えられます。もう少し具体的に言えば、子どもたちの興味・関心をひきそうな教材づくりをして、子どもたちが取り組んでみたいと思える

課題設定をすることで、あとは子どもたちが自由に課題に取り組みながら探究できるよう支援する指導方法が考えられます。この回答が想定する指導方法の発達論的射程は個人主義的段階から自律的段階までです。

個人主義的段階の子どもの発達課題は、自分とは異なる見方、考え方、価値観に触れることで自分の視野が広がる経験や、自分の生まれ育った社会環境の価値観にはよい面と課題の両方があることに気づく経験、自分とは異なる見方、考え方、価値観にもよい面と課題の両方があることに気づく経験をすることです。自律的段階の子どもの発達課題は、これまでの発達過程を振り返った上で生涯にわたる視野から自分の人生の意味づけとさらなる成長や発達の道筋を見いだす経験、自律的段階に至るまでのすべての自我発達段階の人々の存在意義を認め、各段階の人々の特徴や発達課題を踏まえながら成長のための支援をする経験、心と体、理性と感情、意識と無意識、主観と客観など対立的に捉えられてきたものを統合する経験をすることです。したがって、子どもたちから出た疑問や知りたいことを自由に探究するよう助言、指導する方法を用いて子どもの発達を促す際の前提として、まず例⑤と同様、他者の意見や言動について文脈的な理解のための問いかけをすることで、その人の文脈から意見や言動を理解することと、そこから異なる社会の常識や価値観についての文脈的な理解へと広げていくことができるようになるため、中立・公平・対等な話し合いの場づくりができるファシリテーションスキルの習得が教師にも子どもたちにも求められるでしょう。次に各自我発達段階の見方、考え方の特徴や発達課題を理解した上で、自分自身のこれまでの発達過程を振り返り、これからの成長や発達への見通しをもつこと、そこから自分らしさや自分らしく生きることの探究へとつなげることが求められるでしょう。

教師がこの指導にこだわっている場合、しばしばこれまでの指導方法から新しい指導方法に切り替えなければならないと考えてグループワークや体験活動などを取り入れようとしたり、教材についても教科書から離れて自作教材を用いたりして、子どもたちに自由に探究するよう促すことがあります。このようなとき、活動自体は楽しいけれども、学習活動全体をとおして何を学び、どこへ向かって成長しているのかわからない状態に子どもたちが陥りがちで、教師も子どもたちを成長させられないことに焦りを感じたり、逆に子どもたちが楽しく活動していればよいとあきらめたりしがちです。教師の指導方法へのこだわりの原因として、自律的段階への固着によって「子どもたちの成長を促すため、これまでの方法を変えなければならない」というチャッターに動かされていたり、個人主義的段階への固着によって「みんな違ってみんないいのだから、学びの内容はそれぞれでよい」という相対主義のチャッターに動かされていたりする可能性が考えられます。このとき教師は、子どもたちが主体的、対話的に探究活動をすることを重視しますが、子どもたちがある程度系統的に視野を広げたり思考を深めたりしながら探究を進められるよう指導することは見落とされがちです。その結果、子どもたちの探究活動が単発的、偶発的で、無秩序な試行錯誤を続けるだけに終わってしまうと、「活動しても何も得るものがない」という虚無主義的なチャッターを生み出す可能性もあります。まずは、「子どもたちの主体的活動と成長を促さなければならない」という自律的段階を絶対視するチャッターや、「みんな違ってみんないい」という相対主義のチャッターを自覚することが必要です。

その上で、探究活動には各教科の基礎的な知識や見方、考え方の習得が必要なこと、例えば先行研究の調査・仮説や問いの設定・仮説や問いの検証・解決と修正などの各局面を意識することで探究活動はある程度系統的に進められること、対立する視点に対して類縁性（似ている点）や相補性（互いに補い合う点）などより視野の広い見方を取り入れて問題解決する思考方法の習得度で探究活動による成長や発達を捉えることができることなどを意識して取り組むことが大切です。また、探究を含む学習活動全体をとおして子どもたちが自分の興味・関心、才能、性格といった自分らしさを発見しながら生涯にわたって自分らしく生きられる場づくりの力を身につけることがこれからの学校教育の目標となるでしょう。

場面指導に対する対応例

場面指導例 球技大会で優勝を目指して全員で一生懸命に練習したものの思うような結果が出ず、落ち込んでいる子どもが多くいる。どのように指導するか。

この場面指導例では、一般的には、子どもたちが一生懸命に練習したことを認め、励ます指導をすることが多いと考えられます。この指導方法の発達論的射程は順応的段階から良心的段階までとなります。そのため一部の良心的段階の子どもや個人主義的段階の子どもは、努力が必ずしもよい結果につながるわけではないことに気づいている可能性もあります。教師に良心的段階までの段階への固着があって教師も落ち込んでいる場合には、落ち込んでいる様子を見せない子どもに「努力が足りなかったのではないか」とする非難の目を向けることもあり得ます。一方、教師に個人主義的段階への固着がある場合には、落ち込んでいる子どもに寄り添えず「次の機会にまた頑張ればよい」という励まし方をするに留まる可能性もあります。

個人主義的段階の後の段階まで子どもが発達することを促す視点がある場合には、たとえば次のように子どもがファシリテーターとなってグループ毎と全体で振り返りを行う指導例が考えられます。まず、学級会の話し合いのテーマを「球技大会の振り返り」とし、3人程度のグループに分かれてファシリテーター役を交代しながらそれぞれが球技大会について感じていること、考えたことについてエピソードも含めて話した内容をファシリテーターがホワイトボードに書き出していきます。ホワイトボードに3人全員の話した内容が書き出されたら、その中から自分たちの強みと課題を自由に挙げてもらい、赤のマーカーで該当する部分に線を引いたり補足説明を追記したりします。そして、「球技大会の経験をとおして学び、成長するための行動計画」を3つ挙げてもらい、青のマーカーで記入します。その後、各グループの代表が順番にホワイトボードを見せながら強みと課題、行動計画について全体発表します。各グループに共通する課題があれば、クラス全体で教師あるいは子どもの代表がファシリテーターを務め、その課題に関して発言したい子ども3～4人を中心に同様の形で意見を聞いた上で、クラス全員に強みと課題を挙げてもらい、クラス全員の行動計画を設定してもよいでしょう。

このように子どももファシリテーターとなって自分たちで課題を設定して対立する視点を統合しながら探究し、結果が出ずに落ち込んでいる子ども以外にも多様な子どもの見方や考え方を生かしながら成長につなげる活動をすることで、さらに発達を促すことができるでしょう。なお、ここに示したファシリテーションの方法は、ちょんせいこ氏が開発したホワイトボード・ミーティング®の6つの会議フレームのうち企画会議のフレームをベースに筆者が問いの立て方や進め方を改変したものです。具体的な進め方は、ちょんせいこ著『ホワイトボード・ミーティング®検定試験公式テキストBasic３級』を参照してください。

column 04

主体的・対話的で深い学びを妨げるチャッター

平成29・30・31年改訂学習指導要領では、育成すべき資質・能力の3つの柱として、「何を理解しているか、何ができるか（知識・技能）」「理解していること・できることをどう使うか（思考力・判断力・表現力等）」「どのように社会・世界と関わり、よりよい人生を送るか（学びに向かう力・人間性等）」を挙げ、知識の理解の質を高めて資質・能力を育むために子どもたちの「主体的・対話的で深い学び」を実現することが求められています。ここではそれらを妨げる子どもたちのチャッターとその克服方法を示します。

主体的な学びとは、学ぶことに興味や関心をもち、自己のキャリア形成の方向性と関連づけながら、見通しをもって粘り強く取り組み、自己の学習活動を振り返って次につなげることとされています。主体的な学びを妨げるチャッターとして、たとえば順応的段階の「（周囲の人々から求められる通りに）きちんとしなければならない」「周囲の人々と異なる言動や外見をしてはならない（するのは恥ずかしい）」が考えられます。これらのチャッターに動かされると間違いや失敗を恐れて結果や評価を気にするため主体的な学び、すなわち新しいことを進んで学ぶ姿勢や意欲を失うことにつながりやすいでしょう。チャッターの克服方法としては、たとえば、学級で互いの間違いや失敗を共有して、なぜ間違えたか、何がうまくいかなかったか、どのような工夫をすれば間違いや失敗を減らせるか、について全員で考えることをとおして間違いや失敗をしていない子どもも学べる経験を積み重ねることが考えられます。

対話的な学びとは子ども同士の協働、教職員や地域の人との対話、先哲の考え方を手掛かりに考えること等を通じ、自己の考えを広げ深めることとされています。対話的な学びを妨げるチャッターとして、たとえば自意識的段階の「自分は正しくて相手が間違っている」といった自己正当化のチャッター、「他者と同じ意見ではいけない」、といった個性を主張するチャッター、「(手順や方法が) 完璧でなければいけない」という完璧主義のチャッターが考えられます。これらのチャッターに動かされると自分の考えの正しさにこだわって異なる考えが自分の人格に対する攻撃のように感じられてしまうため、他者の異なる考えを基に自分の考えを広げたり深めたりすることが困難になります。チャッターの克服方法としてはたとえば、正解が明確にない探究課題を設定し、グループでの対話による学習の場で誰の発言かという意見の帰属を外した形でホワイトボードに全員の解答を書き出した上で、グループで意見について自由によい点と課題を出し合ってよりよい解答になるよう検討する学習活動が考えられます。

深い学びとは、習得・活用・探究という学びの過程の中で、各教科等の特質に応じた「見方、考え方」を働かせながら、知識を相互に関連付けてより深く理解したり、情報を精査して考えを形成したり、問題を見いだして解決策を考えたり、思いや考えを基に創造したりすることに向かうこととされています。深い学びを妨げるチャッターとして、たとえば良心的段階の「計画通りに進めなければいけない」「目標を達成しなければならない」といった達成主義的なチャッター、「先を見通して行動しなければいけない」「常に進歩、発展し続けなければいけない」といった予測や結果に関する完璧主義のチャッターと個人主義的段階の「みんな違ってみんないいのだから意見に優劣をつけてはならない」というチャッターが考えられます。これらのチャッターに動かされると探究活動が当初の予想通りに進まない場合に学びを深めないまま形式的かつ表面的に学習成果をまとめてしまったり、探究活動の方針がまとまらず各自の調査結果を並列するに留まったりして何を学んだのかわからない状態になりがちです。チャッターの克服方法としてはたとえば、先行研究の調査・仮説や問いの設定・仮説や問いの検証・解決と修正などの探究活動の基本的手順に沿って活動を進めながらも、計画通りに進まない状況や失敗も受け入れて失敗の原因を探究する経験や、探究活動の方針が対立した場合には対立する視点に類縁性や相補性などより視野の広い見方を取り入れて問題解決する経験を積み重ねることが考えられます。

chapter-5

第5章

なぜ教師になりたいのか？・何のために教師をしているのか？

チャッター／魂の声

魂の声に従って志を育てる

「こんな教師になりたい」と何となく抱いているイメージには気づかないうちに、教師はこうあらねばならない」「このように指導するのが当たり前」「子どもの前ではこのようにふるまわねば」といった多くのチャッターが取り巻いています。教師のイメージに限らず、私たちの人間関係の在り方や言動の仕方などあらゆる「こうしたい」「こうなりたい」にも、こうするのが常識、当たり前だから「こうしなければならない」「こうならなければいけない」といったチャッターが取り巻いています。そして、私たちが「常識」や「当たり前」に縛られていれば縛られているほど、「常識」や「当たり前」とされる行動をしない人、できない人に自分と同じように行動するようプレッシャーをかけがちです。

「常識」や「当たり前」には社会生活への適応と安定した社会生活を促すメリットと同時に、私たちの心の中のチャッターを増やすことで一人ひとりの特性や個性を押し殺して、本当は「どうしたい」のか、「どうなりたい」のかわからなくしてしまうデメリットもあります。子どもたちを大人の社会に適応できるように育てることが目的とされている学校では、どうしても「しなければならない」というプレッシャーが強くなりがちです。このプレッシャーは子どもたちだけでなく、教師にも、さらに教師を目指す学生と教師を養成する大学教員にまで及んでいます。

もちろん教師には従うべき法律や法令、それに準じる学習指導要領の他、さまざまなガイドラインがあります。しかし、それらは指導の基本方針や指導内容の大枠を示しているのであって、実際には私たちの具体的な言動を細かく規定しているわけではありません。法律や法令、学習指導要領などが示す方針や枠組みを学校現場においてどのように解釈し、学習指導や生活指導などの場面で具体的にどのような方針で実践するか、については個々の教師に委ねられています。

たとえば、教師に求められる資質・能力については、まず、中央教育審議会答申で繰り返し示されてきた使命感や責任感、教育的愛情、教科や教職に関する専門的知識、実践的指導力、総合的人間力、コミュニケーション能力等の時代によって変わらない部分が挙げられます。そして、令和3年中央教育審議会答申『令和の日本型学校教育』の構築を目指して」で令和時代に求められる教師の姿として、技術の発達や新たなニーズなど学校教育を取り巻く環境の変化を前向きに受けとめ、教職生涯を通じて探究心をもちつつ自律的かつ継続的に新しい知識・技能を学び続け、子ども一人ひとりの学びを最大限に引き出すこと、そして子どもの主体的な学びを支援する伴走者となることが示されています。

しかし、これらは社会状況とこれからの変化を見通して示された教師の在り方についての基本的な枠組みです。これらの資質・能力について具体的な場面でどのように解釈し、実践するかについては、個々の教師に委ねられています。チャッターは、私たちが気づかないうちに、この解釈や実践の部分にかかわって「こうしなければならない」といった制限を加えたり「こうしてはいけない」といったブレーキをかけたりしています。その結果、私たちが、なりたいと思っている教師のイメージも実際の言動も本当になりたい姿とは異なってしまいがちです。

「この先生のようになりたい」という憧れにもチャッターによる制限が加わっていることがあります。もちろん、自分自身の中に憧れている先生と同じ要素があるから憧れを抱くのですが、その先生と「同じようにしなければならない」というチャッターに動かされると、授業や指導がうまくいかないのは、その先生と同じようにできていないからだと思い込んでしまい、憧れの要素を自分らしく表現することを見失ってしまいがちです。

このようなチャッターの影響を減らして本当になりたい教師の姿を見いだすために、自分の魂の声に聴き従うこと、そして、自分の志を育てていくことが必要です。ビジネスパーソンへのインタビュー調査を基に志が成長するサイクルを示したグロービス経営大学院著『志を育てる』では、志とは「一定の期間、人生をかけてコミットできるようなこと（目標）」と定義しています。そして、志を積み重ねていくことで「一生涯を通じて達成しようとする」壮大で人々に感動を与えるような大志が生まれるとされています。また、初めて自らの意志で一定期間、人生をかけてコミットできる目標を設定できた瞬間が「初めて志が生まれた瞬間」と位置づけられています。本書では志はもともと誰もがもって生まれたけれども、チャッターによって見失われてしまったので、自分らしさと教師の職業的な特性を結びつけることで志の芽を発見し、育てるものと捉えることにします。

『志を育てる』では、志が成長するサイクルとして、①客観視、②自問自答、③新たな目標の設定、④達成への取り組み、⑤取り組みの終焉の5つを挙げ、これら5つのサイクルを繰り返すことで志がらせん状に積み重なって成長すると捉えています。しかし、チャッターに動かされていると、①客観視や②自問自答が適切に行えず、魂の声に聴き従って自分を見つめることなくチャッターが求める「あるべき姿」にこだわって③新たな目標の設定と④達成への取り組みをするために同じ場所を周り続けてしまって志が積み重なることがなくなるのではないかと考えられます。それはチャッターによって後の発達段階へと進むことができずに特定の発達段階に固着することで成長も発達もできなくなってしまう状態とも言えます。

これまで成長や発達は偶然に委ねられてきました。そのため、生育環境に恵まれてチャッターの少ない人は自分らしく生きながら志を積み重ねて大志へと成長させ、達成することができますが、チャッターの多い人は志を積み重ねることができず大志を抱くことが困難でした。しかし、自我発達段階という発達の道筋と、発達を停滞させて本来の志を見失わせるチャッターの典型例やその克服方法を知ることで、より多くの人々がより早期に教師としての志を積み重ねて志を大きく育てていけるようになるのではないかと考えられます。教師として生涯成長、発達し続けること、教師の仕事にやりがいや生きがいを感じながら自分らしく生きることを支える地図として本書を活用してもらいたいと思います。ただし、本書で示す内容は典型例の一部なので、具体的にどのような志を育てていくか、については、例を参考にしながら読者がそれぞれに今の自分と向き合いながら自分らしい教師としての目標を見つけていってください。

本章では、第3章で明確にした教師像を手掛かりに、教師としての志を育てること、すなわち、教師として生涯成長し、発達し続けながら自分らしく生きる道筋を見つけることを目指します。各自我発達段階について、「なぜ教師になりたいのか？」「何のために教師をしているのか？」という問いに対する回答例に基づいて、教師が抱きがちなチャッターとチャッターに動かされた場合に陥りがちな問題について述べた後、その段階で取り組むべき課題を示します。そして、チャッターの奥に隠れている魂の声の例と後の段階へ進むことを促す見方、考え方を示します。本章の読み方としては、まず、現在の自我発達段階の重心の段階について、チャッターと魂の声のどちらの影響を強く受けているかを確認し、その段階で取り組むべき課題を意識しながら魂の声に従って教師としての目標を設定することが挙げられます。それから、固着している段階について、チャッターの影響を強く受けるとどのような問題が起こりやすいか、また、チャッターの影響からどのようにすれば抜け出しやすいかを確認して指導に生かすことが挙げられます。そして、今後、教師として成長、発達していく際に課題となりそうなことと障害になりうるものを確認することで、将来の見通しをもちながら志を積み重ねていくことにつなげるとよいでしょう。

例①自分の得意な教科の能力を生かしたい（自己防衛的段階）：「自分の力を認めさせなければ」／「自分の力を発揮したい」

力にかかわるチャッターとその問題

「なぜ教師になりたいのか？」「何のために教師をしているのか？」という問いに対して、「自分の得意な教科の能力を生かしたいから」という回答は、中学校や高等学校の教師を目

指す人によく見られます。この回答のバリエーションとして、
・自分が得意な教科についてもっている専門性を生かしたい
・自分の得意な教科が好きな人や得意な人を増やしたいから
・自分の得意な教科の楽しさや面白さを伝えたいから

などが考えられます。これらの回答に共通するのは、自分自身がその教科に関する知識や技術などについて一定の能力をもっていることを自覚しており、その力を教師の仕事に生かしたいという思いです。しかし、これらの回答は、自分のもっている力を学校現場で具体的にどのようにすれば生かせるのか、まだ十分には捉えられていないことも示しています。そのため、教師として教科の専門性を生かすためには、まず、学校の教員が児童生徒に対して学習指導や生活指導を行う際に力を行使する方法や目的等に関して定められた法令やガイドラインを踏まえる必要があります。具体的には、学校教育法第11条にある体罰禁止の定めに従うことや、『生徒指導提要』に沿った学習指導や生徒指導を行うことが必要となります。さらに教育公務員に対しては全体の奉仕者としての身分が定められ、研究と修養についての努力義務および服務規程として職務上の義務と身分上の義務が定められています。しかし、これらの法令や規定、ガイドラインが示されているにもかかわらず、体罰などの不適切な指導による懲戒処分件数は減少傾向にはあっても無くなってはいないのが実態です。

教師の力の行使にかかわるチャッターとして、「自分の力を見せつけたい」「力によって自分を認めてほしい」「力を示さなければ相手の力に圧倒されてしまう」「負けないために支配力を高めたい」といったコントロール欲求にかかわるものが挙げられます。これらは自己防衛的段階で生まれたため十分に言語化されず、漠然とした支配欲や怒り、あるいは恐怖や不安の形で現れ、その原因は目の前の子どもや状況に投影された形で認識されがちです。教師のコントロール欲求は、自分が指示した通りに子どもたちに動いてほしいという形で現れ、子どもたちが指示した通りに動かないと、その原因を子どもたちに投影して子どもたちを脅したり罰を与えたり罪悪感を抱かせたりすることになりがちです。コントロール欲求の根底には、教師自身の力に対する不安や自信のなさがあります。しかし、教師がコントロールしたことで子どもたちがその通りに動いてくれたとしても、子どもたちは本心からそのように動いているわけではありません。そのことが教師に伝わるため、自分自身に虚しさや自信のなさを感じることになります。自分の力に対する不安や自信のなさを補うために子どもたちをコントロールしようとしたのに、コントロールしたことでますます自信のなさを強化する悪循環に陥ってしまいます。さらに、子どもたちをコントロールしたことで、子どもたちとの間に感情的な壁ができてしまい、その壁を超えるためにさらに強いコントロールをする悪循環にも陥りがちです。

ありのままの自分を認める課題

このように「自分の得意な教科の能力を生かしたい」という思いの根底に、子どもたちに自分の力を認めさせせないと教師としてやっていけないかもしれない、といった無意識の不安があるとコントロール欲求が生まれがちで、コントロール欲求に動かされると子どもたちをコントロールすることで教師としての自信を失い、「自分はダメだ」というチャッターがますますコントロール欲求を強化して、子どもたちにも「自分はダメだ」というチャッターを生み出す悪循環につながってしまいます。このような悪循環は、教師が不安感から一人称の視点、すなわち教師側の見方に固着してしまい、二人称以上の視点、すなわち子どもたちの見方が抜け落ちていることと深くかかわっています。そのため、コントロール欲求の悪循環から抜け出すには、まず、子どもたちの視点から状況を捉え直すことが大切です。

具体的には、教師が得意な教科について、子どもたちはどのように捉えているか考えてみるとよいでしょう。その教科が好きな子どももいれば、無関心だったり苦手だったり、さらには嫌いだったりする子どももいます。その教科に対する興味・関心の度合いがさまざまな子どもたちに対して自分の得意な教科の能力を生かすには、どんな見方、考え方をすればよいでしょうか。恐らく、子どもたちに現在の自分の能力の優れた面を見せようとするよりは、

例①自分の得意な教科の能力を生かしたい（自己防衛的段階）

その能力を身につける以前にできなくて苦労したり、失敗したり、挫折しそうになったりした経験を伝えた方が、子どもたちがその教科に関心をもったり学んでみようと思ったりする可能性は高くなるでしょう。圧倒的な力の差を見せつけられたとき、「すごい」と思うと同時に「自分にはできない」というチャッターの声が聞こえてくると、自分に足りないところやできないところばかりが目につくので自分のありのままの能力を認めることが難しくなります。しかし、その「すごい」と思う人物が、子どもの頃、自分と同じように苦労したり、失敗したり、挫折しそうになったりしたことがあるとすれば、「自分にもできるかもしれない」と思えるようになり、ありのままの自分に向き合うことができます。

教師の力量についても同じことが言えます。自分の指導力に不安を感じているときに、その不安から逃れるために「自分の得意な教科の能力を生かしたい」と考えるのではなく、ありのままの自分を認めることで、その教科を学ぶことの楽しさや面白さの経験だけでなく、難しさや苦労した経験なども自分の強みとして生かすことができます。

ありのままの自分を認めることは、現状の自分を無条件に肯定することではありません。自分の強みを発見し、過大にも過少にも評価せずありのまま認めることと同様に、自分の苦手なことや課題についてもありのまま認めることです。自分の苦手なことや課題をありのまま認めることは自分を否定することではなく、ダメな自分を許すことです。このありのままの自分を認める課題は、自分らしく生きるための土台となる課題ですが、この後の段階で生まれるさまざまなチャッターの影響も受けやすいので、この後の段階に進んでも、自分の中にコントロール欲求があることを感じるときには繰り返し取り組むことが大切です。子どもたちをコントロールしてしまった自分はダメだと考えるのではなく、コントロールした事実を認めた上で、それを自覚できていることを自分の強みと捉えることで、次はコントロールしようとしていることを自覚できるようになれば別の方法を考えられるかもしれない、と前向きに進むことができるようになります。

魂の声と後の段階へ進むことを促す見方、考え方

「自分の得意な教科の能力を生かしたい」という思いの根底にあるのは「自分の力を発揮したい」という魂の声ではないでしょうか。「力を生かす」ことと「力を発揮する」ことは似ていますが、「力を生かす」ことは能力を無駄にしないで利用すること、「力を発揮する」ことは能力を十分に働かせること、というように微妙に意味が異なります。自分の能力を十分に働かせるとは、必要なときに必要とされる力を必要なだけ用いて適切な効果をもたらすことです。そのためには自分のもっている能力はどのようなもので、学校での学習指導や生徒指導のどんな場面でどのように用いれば適切な効果をもたらすことができるのか、知ること

例①自分の得意な教科の能力を生かしたい（自己防衛的段階）

が必要です。それによって、自分の力をさらに伸ばしていく努力の方向性が明確になり、教師として成長することができるでしょう。

そして、後の段階へ進むには、ありのままの自分を認めた上で、他の先生たちがどのように自分の能力を学習指導や生徒指導の場面で発揮しているのか、という目線で見てみると、適切に力を発揮するためには一定の型があることや、あえて力を使わない方が適切な効果が得られる場合があることなどに気づくことができるでしょう。

――例②憧れの先生のようになりたい（規則志向的段階・順応的段階）：「憧れの先生のやり方を真似なければ」／「自分の中の憧れる要素＝素質を輝かせたい」

型にかかわるチャッターとその問題

「なぜ教師になりたいのか？」「何のために教師をしているのか？」という問いに対して、「憧れの先生のようになりたいから」という回答は、教師を目指す意思を明確にもって大学

に進学してくる人にしばしば見られます。この回答のバリエーションとして

・自分が悩んでいるときに声をかけて相談に乗ってくれた先生のようになりたいから

・自分がいじめられているときにクラス全員を一喝することで解決してくれた先生のようになりたいから

・いじめを見て見ぬふりをした先生に苦しんだ自分のような生徒を増やしたくないから

などが考えられます。なお、三つ目のバリエーションのように「こんな先生にはなりたくない」という反面教師としての例もここに含まれます。これらの回答に共通するのは、子どもの目線で状況を捉えたり、子どもに寄り添って対応したり、いじめを早期に発見して毅然と対応したりするといった教師に求められる言動の型を捉えて自分もその型を身につけたいという思いです。しかし、これらの回答は、教師に求められる言動の型を子どもの立場から表面的な言動だけで捉えているため、時代の変化によって適切とされる型から外れていることがあったり、教師目線で捉え直した場合により適切な型を用いた方がよいと考えられたりする可能性があることも示しています。また、教師に求められる言動の型は、社会の変化に伴って変わっていきます。たとえば令和4年に改訂された『生徒指導提要』では生徒指導の目的が「児童生徒の人格を尊重し、個性の伸長を図りながら、社会的資質や行動力を高めること」から「社会の中で自分らしく生きることができる存在へと、自発的・主体的に成長や発

達する過程を支える」ことへと変わりました。これまでは「社会的資質や行動力を高める」に見られるように、社会への適応という良心的段階までの発達が重視されていましたが、改訂版では「社会の中で自分らしく生きること」に見られるように自律的段階までの発達論的射程が示されるようになっています。

教師の型にかかわるチャッターとして、「理想とする型の通りに行動しなければならない」「型から外れてはいけない」「型の通りにできなければ失敗だ」「型から外れた者は間違っている・許せない」といった型へのこだわりに関するものが挙げられます。適切な型にはまることは教師としての成長につながる利点があります。また、憧れの先生がいることで、その先生と自分の共通点を発見しながら自分を磨いたり目標をもって努力したりできることは幸運なことです。しかし、チャッターに動かされていると、憧れの先生の表面的な言動だけを真似ることで間違いや失敗に対する不安から逃れようとしてしまいがちです。このような間違いや失敗に対する不安の根底には、「自分は、憧れの先生のようにはなれないのではないか」という不安や自信のなさがあります。そして、自分にとって重要だと感じる人物の外見や言動を真似ることで、「憧れの先生のようにはなれない」という空虚感や葛藤に対処しようとしますが、努力すればするほど、憧れの先生が遠くに見える悪循環に陥りやすくなります。型にはまろうとして、はまり切れない自分を認めることができないと、ますます「型にはまらなければならない」プレッシャーが大きくなり、子どもたちにも「型にはまらなければならない」プレッシャーをかけることになります。その結果、教師の指導の型にはまれない子どもの存在を「憧れの先生のようにはなれない」原因にすり替えて、その子どもを無視したり排除したりすることにもなりかねません。さらに、その子どもだけでなく周囲の子どもたちにも型へのこだわりにかかわるチャッターが生み出されてしまいます。実は、この状態になると学級集団は表面的には安定しているように見えるようになります。それは教師も多数派の子どもたちも一定の型にはまった集団思考の状態、すなわち異論や反論を排除して全員が合理性や根拠なしに同じ思考や行動をとる状態に陥るからです。しかし、その陰で型にはまれないために排除され、いじめられたり不登校になったりする子どもたちや、型通りでなければ学級にいられないと捉えて自分の考えを押し殺している反動から型にはまれない子どもを排除してしまう子どもたちがいます。教師自身もそのことを感じ取っているために余計に型へのこだわりを強めてしまうとすれば結果的に教師がいじめを助長することにもなってしまいます。

型のメリット・デメリットを捉える課題

このように「憧れの先生のようになりたい」という思いの奥に「自分は、憧れの先生のようにはなれないのではないか」という不安や自信のなさがあると、型にはまりたい、型にはめたい欲求が生まれます。そして、子どもたちを型にはめることでますます「自分は、憧れの先生のようにはなれない」と感じて「型から外れてはいけない」というチャッターを自分自身にも子どもたちにも生み出してしまう悪循環につながってしまいます。このような悪循環は、教師が不安感や自信のなさから一人称（教師自身）と二人称（憧れの先生）の視点に固着してしまい、三人称の視点、すなわち、憧れの先生や型のよさと課題を客観的に捉えることができなくなっていることと深くかかわっています。そのため、型にはまりたい、はめたい欲求の悪循環から抜け出すには、まず、型のメリットとデメリットを教師自身と子どもたちの視点から捉えてみることが大切です。

具体的には、憧れの先生の言動について、その先生はなぜ、何のためにその方法を用いたと考えられるか、子ども（自分自身）はその方法をどのように受けとめたか、他の子どもはその方法をどのように受けとめたと考えられるか、その方法の目的はどの程度達成されたか、検討してみるとよいでしょう。その上で、類似する場面で用いられる他の方法との対比でその方法のメリットとデメリットを挙げながら、その方法は、どのような目的や状況で用いるとメリットを生かすことができるか、また、その方法のデメリットを補う方法は何か、考えながら少しずつ方法を修正してみるとよいでしょう。そうすることで「型から外れてはいけない」チャッターの影響から抜け出して、子どもたちの視点も含めながら自分らしい方法を探すことができるでしょう。

魂の声と後の段階へ進むことを促す見方、考え方

「憧れの先生のようになりたい」という思いの根底にあるのは、「自分の中の憧れる要素、すなわち自分の素質を輝かせたい」という魂の声ではないでしょうか。憧れ、すなわち他者の中に輝く要素が見える現象は、自分の中にも同じ要素や素質があって、その素質を伸ばしたいという思いがあることを示しています。ですから、憧れの先生の言動や型を真似るだけではなく、真似てみながら、そこに含まれている本質、すなわち自分が本来実現したいことや自分の素質を発見しようとすることが大切です。その一方で、憧れの先生の言動や型を真似たときに覚える違和感も意識してみましょう。その違和感は、自分の要素や素質、やりたいこととは合わないために修正すべきことを示している可能性があります。そうすることで、型を少しずつ自分や子どもたちに合うように修正し、型を自分のものにすることが教師としての自信や成長につながるでしょう。

そして、後の段階へ進むには、型のメリットを生かし、デメリットを補う方法について、複数の型のメリット・デメリットを比較しながら考えることで、複数の型を目的や状況に応

じて使い分けたり組み合わせたりする努力をしてみるとよいでしょう。そこから自分の素質を生かして指導できる、自分に合った方法や自分らしさの探究が始まるでしょう。

例③自分のやり方を伝え広げたい（自意識的段階）：「自分のやり方こそが正しい」／「自分のやり方を適材適所で役に立ててほしい」

自己正当化にかかわるチャッターとその問題

「なぜ教師になりたいのか？」「何のために教師をしているのか？」という問いに対して、「自分のやり方を伝え広げたいから」という回答は、既に教師としての実績をある程度積み重ねている人によく見られますが、子どもの立場でその方法による指導を受けて教師を目指す人にも見られることがあります。この回答のバリエーションとして、

・自分がよいと信じる方法を伝え広げたいから
・授業方法を改革したいから
・従来の方法の問題を解決したいから

などが考えられます。これらの回答に共通するのは、一定の成果をあげている指導方法に関するノウハウをもっていて、その方法によってこれまでの方法の問題を解決したいという思いです。それは自分のものにした新しい型によって問題が解決できるという自負でもあります。しかし、この回答は、自分の方法がよいとしながらも、どのような目的や状況で用いた場合にその方法が有効に働くのか、明確に捉えられていないことも示しています。そのため、自分の方法によってあらゆる問題が解決するかのように主張されることも多いのですが、実際にはよく効果が見えないまま何となく体によいと言われているから飲み続けているサプリメントのようにその方法が用いられていたりすることもあります。

自己正当化にかかわるチャッターとして、「自分は正しくて相手が間違っている」「自分の方法には何も問題はない」「自分の方法を批判するのは自分を嫌っているからだ」といったものが挙げられます。自分の方法に自信をもって指導をすることは、指導の効果をあげる上で大切なことです。また、一定の成果をあげている指導方法をより多くの人々に広げる意欲にもつながります。しかし、チャッターに動かされていると、自分の方法のうまくいっている側面だけをクローズアップして、うまくいっていない側面を見なくなりがちで、自分の方法をよりよく改善することよりも、自分の方法を頑なに守り通すことに意識が向かいがちです。その根底には、従来の方法のままでよいという集団思考に引き戻されてしまうことへの不安、あるいは、新しく出てきた方法に変えなければならないという集団思考に流されてしまうことへの不安があります。そして、自分の方法は従来の方法あるいは新しい方法とは異なる優位性をもつことを強く主張することで自分の独自性を守ろうとしますが、自分の独自性を主張すればするほど、より狭い視野の範囲内での正当性を主張することになるため、異なる立場からの批判を受けやすくなる悪循環に陥ります。さらに、自分に対する批判を自分の全人格の否定と捉えてしまう自意識的段階の傾向と結びつくと自分の方法に対する一切の批判を許せなくなり、自分の方法を批判する人々を自分の周囲から排除することになりがちです。その結果、自分が抜け出そうとした集団思考を自ら創り出すことになってしまいます。さらに、子どもたちに対しても、自分の方法に合った子どもたちを褒め、自分の方法についていけない子どもを無視したり排除したりすることにもなりがちです。当初、成果をあげて一気に多くの教師に広がり、一躍有名になった教育方法が次第に批判されて消えていってしまう形で流行現象のようになってしまう背景にはこのような自己正当化のチャッターがかかわっている可能性があります。

教えることから学ぶことへ視点を切り替える課題

このように「自分のやり方を伝え広げたい」という思いの奥に、集団思考に引き戻されたり流されたりしてしまうことへの不安があると、自分の独自性を守りたいという欲求が生まれます。そして、自分の独自性を守ろうと主張すればするほど、より狭い視野の範囲内での正当性を主張することになって異なる立場からの批判を受けやすくなる悪循環に陥ります。このような悪循環は三人称の視点について、自分とは意見が異なる立場からできるだけ正確に当事者目線で捉える視点が成熟していないことと深くかかわっています。そのため、自己正当化の悪循環から抜け出すには、一般的には自分の方法を批判する相手の目線から自分の感情を交えずにその批判の論理を理解することが大切ですが、自分の感情を交えず理解することは現実的には困難です。教師の場合には自分の教育方法について、子どもに教える視点から子どもが学ぶ視点、すなわち教師の目線から子どもの目線に視点を切り替えてみるとよいでしょう。そして、子どもの目線で、子どもたちが自分の方法をどのように受けとめて実際のところ何を学んでいるのか自分の感情を交えずに理解する努力をすることでも自己正当化の悪循環から抜け出すことができるでしょう。

具体的には、自分の方法によって子どもたちは実際のところ何を学んでいるのか、学んだ内容はその方法を用いることで教師がねらいとした姿と一致しているのか、自分が評価するだけでなく他の教師からも評価してもらうとよいでしょう。また、可能であれば子どもたちに、自分の方法によって何を学び、どのように成長したか自己評価してもらうことも有効です。これらの評価を基に、自分の方法の強みと課題を挙げるとともに、自分の方法が最も有効に働くのはどのような目的や状況で用いた場合か検討するとよいでしょう。自分の方法が有効となる目的や状況および強みと課題を明確に自覚することで、自分の方法に対する批判や自分の方法に合わない子どもの事例を方法の改善につなげることができるでしょう。

魂の声と後の段階へ進むことを促す見方、考え方

「自分のやり方を伝え広げたい」という思いの根底にあるのは、「自分のやり方を適材適所で役に立ててほしい」という魂の声ではないでしょうか。それは、教師がよりよく教え、子どもたちがよりよく学ぶ形で役に立つことを望んでいるということです。魂の声に従えば、自分のやり方を伝え広げることの目的は子どもたちが自らよりよく学ぶようになることであり、教師がよりよく教えること、すなわち、自分のやり方は手段であることが明らかになります。目的を達成するためには、まず現状、すなわち子どもたちの学びの実態を把握する必要があります。その上で目的と現状をつなぐ具体的で達成可能な目標を設定する必要があります。このように捉えたとき、方法は現状から目標をつなぐ道筋であり、目標を達成するには複数の道筋が考えられること、複数の道筋にはそれぞれにメリットとデメリットがあることが明確になります。また、メリットとデメリットは教師の目線と子どもの目線で異なる可

能性があります。このように教えることから学ぶことへ視点を切り替えて自分の方法による授業実践を子どもの目線で捉えていくと、自分の方法を子どもたちの実態に応じてより柔軟に修正しながら改善することができ、子どもたちの実態に応じた指導ができる教師への成長につながるでしょう。

そして、後の段階へ進むには、自分が違和感を覚えた子どもたちの言動について、自分が落ち着いて話を聴けるときに、なぜ、何のためにそのような言動をとったのか尋ねてみることで人間理解の幅を広げるとよいでしょう。それによって、学びの姿から子どもたちがどのように捉えているかを適切に読み取ることができるようになるでしょう。そして、子どもたちが学校で学んで卒業し、社会へ出ていくときの子どもたちの学びの姿の理想を明確にし、入学から卒業まで、さらには前後の学校段階につながる子どもたちの成長や発達の見通しをもった指導方法を考えるとよいでしょう。それによって、自分と子どもたちとの関係性が時間の経緯の中でどのように変化していくかを見通す時間的展望をもつことができるでしょう。

例③自分のやり方を伝え広げたい（自意識的段階）

——例④子どもをよりよく育てたい（良心的段階）：「自分の理想通りに育てなければ」／「子どもたち一人ひとりが幸せになるための手助けをしたい」

理想にかかわるチャッターとその問題

「なぜ教師になりたいのか？」「何のために教師をしているのか？」という問いに対して、「子どもをよりよく育てたいから」という回答は、小中学生の頃に子どもたちの学習意欲や学級の一体感を高めてくれる教師に出会って自分自身もできるようになったり達成感を味わったりしたことをきっかけに、比較的早期に教師になりたいと考えるようになって大学に進学した人にしばしば見られます。この回答のバリエーションとして、

・子どもの主体性を伸ばしたいから
・子どもたちに達成感を味わわせたいから
・子どもに夢や理想をもたせたいから

などが考えられます。これらの回答に共通するのは、自分自身も目指していて社会的にも是認されるような理想の人間像へ向かって子どもたちを育てたいという思いです。しかし、こ

れらの回答は、自分の子どもの頃の経験を基に理想像をつくっているために、現在の子どもたちの実態やこれからの社会の変化に十分には対応できない可能性があることも示しています。そのため、教師として子どもたちをよりよく育てるための具体的な目標を設定するには、学習指導要領や中央教育審議会答申、各都道府県の教育委員会の教育目標等に示された目指す子どもの姿を踏まえること、そして、教育実習や学校ボランティア等で現在の子どもたちの実態を踏まえることが必要となります。

子どもの理想像にかかわるチャッターとして、「自分も子どもたちも目標を達成しなければならない」「常に理想の実現や目標達成に向けて前向きに努力し続けなければならない」「子どもの将来のために○○をできるようにしなければならない」といった達成主義的なチャッターが挙げられます。これらのチャッターには「目標を達成できなければ失敗だ」「努力できない自分や子どもはダメだ」「○○ができなければ不幸になる」といった間違いや失敗に対する不安や恐れをもたらすチャッターが伴っています。特に例①で示したコントロール欲求が強い場合には、これらの不安や恐れが増幅されがちです。目標を達成できている間はよいのですが、達成できない状況が続くと次第に目標達成へのプレッシャーがかかって間違いや失敗に対する不安や恐れが強くなります。すると、子どもの理想像が遠くに離れて見えるので、現実の子どもたちの課題や問題点ばかりが目につくようになります。ところが子どもたちは必ずしも教師や大人たちの理想を共有しているわけではありません。特に急激に変化する社会への対応に教師や大人たちが不安を感じている場合、自分の生まれ育った社会の状況あるいは自分自身が子どもの頃に抱いていた理想や目標の延長線上で理想や目標を設定してしまう傾向が強くなります。中でも、早くから教師を目指してきた人には、これまでの学校や社会の理想や目標に適応してきた人が多いので、この傾向はさらに強くなりがちです。その結果、教師はよかれと思って、以前の社会で求められてきた理想像を子どもたちに押しつけてしまいますが、子どもたちにはそれを理想として受けとめられない状況になりがちです。その結果、教師が子どもたちに目標達成のプレッシャーをかけても子どもたちが主体的に動けなくなるので、理想と現実の距離がますます離れていくとともに、教師も子どもたちも無力感を味わい、「できない自分や子どもはダメだ」というチャッターを増やす悪循環に陥りがちです。近年不登校の子どもが増加傾向にあることの一因として、学校教育における子どもの理想像を大人と子どもの間で共有できなくなり、理想と現実の距離が離れていく状況がかかわっているのではないかと考えられます。

理想を共有しながら現実とつなぐ課題

このように「子どもをよりよく育てたい」という思いの奥に失敗や間違いに対する不安が

あると、目標を達成できないときに子どもたちの課題や問題点ばかりが目についてしまいます。さらに急激に変化する社会への対応に不安を感じていると、子どもたちと理想を共有することができないままにプレッシャーだけをかけてしまうので、教師も子どもたちも無力感を味わって、ますますチャッターを増やす悪循環に陥ります。このような悪循環は、教師が不安感からこれまで自分が生まれ育った社会の三人称の視点に固着してしまい、自分の生まれ育った社会の理想や目標などを超えた四人称の視点から見通しをもつ見方が抜け落ちていることと深くかかわっています。そのため、理想と現実の距離が離れていく悪循環から抜け出すには、理想だけを追いかけたり、現実だけを見つめたりするのではなく、子どもたちと共有できる理想を探究しながら理想と現実をつないでいくことが大切です。

具体的には、教師や大人たちがこれまでの社会の理想を一旦手放して、これからの社会がどのように変化していくのか、子どもたちとともに探究しながら共有できる理想を再設定するとよいでしょう。たとえば、これからの社会の変化は具体的に私たちの生活や生き方にどのような変化をもたらすのか、あるいは、既にどのような変化をもたらしているのか、といったことを政府の統計資料などを基に社会科や総合的な学習の時間を用いて探究してみます。それを基に私たちの未来の理想像をそれぞれに思い描いた上で、未来の理想像につなげるために、今の私たちが学んでおいた方がよいこと、できるようになっておいた方がよいことを挙げて共有する方法が考えられます。そして、各教科の学習活動が、これらの探究を進めたり、学んでおいた方がよいこと、できるようになっておいた方がよいことを身につけたりすることを支える基盤となっていることを子どもたちとともに確認するとよいでしょう。教師自身もこれからの社会や学校の変化について学習指導要領や中央教育審議会答申に示された内容を基に、それらに示されていない変化につながりそうな要因も含めて検討し、未来の学校像と自分自身の未来の理想像を思い描いてみるとよいでしょう。その上で、教師として今の自分が学んでおいた方がよいこと、できるようになっておいた方がよいことを挙げて、目標を設定し、努力してみることをお勧めします。子どもたちや教師が学んでおいた方がよいこと、できるようになっておいた方がよいことのいくつかの例は本書でも触れていますが、自分自身で探究して発見することが大切です。

魂の声と後の段階へ進むことを促す見方、考え方

「子どもをよりよく育てたい」という思いの根底にあるのは「子どもたち一人ひとりが幸せになるための手助けをしたい」という魂の声ではないでしょうか。目標を達成したり、理想を実現したりすることと、幸せになることとは似ていますが、同じではありません。私たちは目標を達成すると一時的に達成感を味わうことができますが、達成感を幸福感と捉え違え

てしまうと「達成できない自分はダメだ」というチャッターが生まれることになりがちです。特に他者から押しつけられた理想や目標を無理に自分のものとして受け入れようとしている場合には、目標を達成しても達成感も幸福感もなく、一時的な解放感だけに終わってしまいます。持続的な幸福感は、自分自身が意味や意義を感じて取り組みたいと思う課題に向き合って試行錯誤しながら没頭する過程を通して成長を感じるとともに、その成果が社会に生かされるときに生まれます。このような持続的な幸福感につながる、学校で行うことが可能な学習活動の例として、子どもたちが自ら問いを立てて探究活動をし、その成果を発表するプロジェクト型学習が挙げられます。プロジェクト型学習は学習指導要領に示された「主体的対話的で深い学び」を実現する方法として総合的な学習の時間に取り入れられていますが、子どもたち自身が意味や意義を感じられる課題設定ができること、課題の達成に必要な知識や技能が子どもたちに備わっていること、活動の成果から他の子どもたちも学べるものになっていることが、子どもたちの理想と現実をつないで持続的な幸福感をもって学び続ける意欲につなげるために必要です。プロジェクト型学習に限らず、単に目標を与えて達成させるのではなく、子どもたちと目標を共有し、取り組んでみたいと思える課題を設定して、学習成果を他の子どもたちと共有できるようにする取り組みをしてみるとよいでしょう。このような取り組みをとおして、事前に設定した計画通りに進まなかったり、失敗したりしたとし

例④子どもをよりよく育てたい（良心的段階）

てもそこから学べることがあることに気づくことができれば教師としての成長につながるでしょう。

そして、後の段階へ進むには、中央教育審議会答申『令和の日本型学校教育』の構築を目指して」に示された個別最適な学びと協働的な学びを一体化する取り組みを具体化して実践に移してみることが一つの手立てとなるでしょう。たとえば、これからの社会の変化が生活や生き方にもたらす変化についてグループ毎にテーマを決め、調査に基づいて考察した結果を全体共有する協働的な学習をします。そして、協働学習の成果を基に子どもたち一人ひとりが将来なりたい理想の姿をイメージした上で、その実現に向けて、今、取り組みたい課題を設定して探究し、その成果を発表して共有する個別学習をします。このように協働学習と個別学習を組み合わせた活動を通して、子どもたち一人ひとりがこれからの社会とのかかわりの中で自分らしい理想を発見し、目標をもつことで、自ら学びに向かおうとすることを大切にする活動に取り組むとよいでしょう。このような活動を通して、同じ事実や状況に対する子どもたちのさまざまな捉え方を尊重することの可能性の探究が始まるでしょう。

例⑤子どもが個性を発揮できるように育てたい（個人主義的段階）：「子どもの個性を伸ばさなければ」／「子ども自身がやりたいことを見つける手助けをしたい」

個性にかかわるチャッターとその問題

「なぜ教師になりたいのか？」「何のために教師をしているのか？」という問いに対して、「子どもが個性を発揮できるように育てたいから」という回答は、子どもの頃、他者との違いに悩んだときに、自分のよさを認めてくれた教師に出会って教師を目指すようになった人に見られます。この回答のバリエーションとしては、

・子どもたちのよいところを褒めて伸ばしたいから
・多様性を認められる子どもを育てたいから
・お互いの違いを認め合える子どもに育てたいから

などが考えられます。これらの回答に共通するのは、子どもたちのありのままのよさを認めることで個性を生かせるように育てたいという思いです。しかし、これらの回答は、子ども

のありのままを尊重することが現状維持や子どものやりたい放題になってしまうのではないか、という批判的な見方に対する回答を明確には用意できていない可能性があることも示しています。『生徒指導提要』では「生徒指導は、児童生徒一人一人の個性の発見とよさや可能性の伸長と社会的資質・能力の発達を支えると同時に、自己の幸福追求と社会に受け入れられる自己実現を支えることを目的とする」とされています。しかし、個性の伸長と社会的資質・能力の発達を両立する方法や、自己の幸福追求と社会に受け入れられる自己実現を両立する方法については明確に示されておらず、個々の教師に委ねられています。

個性の伸長にかかわるチャッターとして、「みんな違ってみんないいのだから個性や意見に優劣をつけてはならない」「どんな個性も認めなければならない」「すべての意見を聴かなければならない」といったものが挙げられます。また、良心的段階以前の段階への固着がある場合には、「周囲の人から求められる通りにきちんとしなければ社会に適応できない」「周囲の人々と異なる言動をするのはわがままではないか」といった集団への順応による社会化を強調するチャッターや「個性は社会に貢献できるものでなければ認められない」といった達成主義的なチャッターが、個性の伸長にかかわるチャッターと同時に聞こえてくる場合もあります。子どもたちのありのままを受け入れることは、子どもに対するコントロール欲求を克服して適切に生徒指導や学級づくりを行う上で大切なことです。しかし、良心的段階以前のチャッターが残っている場合、子どものありのままを受け入れると、子どもが社会に適応できなくなるのではないかといった不安や、周囲の教師から自分は指導力がないと思われるのではないかといった不安を抱えやすくなります。不安の反動から「どんな個性も認めなければならない」というチャッターに動かされてしまうと、「みんな違ってみんないい」が子どもたちの現状維持を正当化する形で用いられることになってしまいがちです。そして、現状維持を正当化しきれなくなると振り子のように反対方向に振れて「周囲の人々に合わせなければならない」「個性は社会に貢献できるものでなければ認められない」といった指導に変わってしまうことにもなりがちです。教師がチャッターに動かされて、子どもの個性を認めなければならないという思いと社会に適応できるように育てなければならないという思いの間を振り子のように揺れ動いてしまうと、子どもたちからは、教師が指導を放棄し、しかも気に入らない子どもの言動を否定しているように見えてしまいがちです。

個性の伸長と社会貢献を両立する課題

このように「子どもが個性を発揮できるように育てたい」という思いの奥に、子どもたちや教師自身も含めて「個性的で社会から受け入れられないのではないか」といった不安があると、だからこそ「どんな個性も認めなければならない」というチャッターと、やはり「個性は社会に貢献できるものでなければ認められない」というチャッターに振り回されて、指導が振り子のように揺れ動いてしまいがちです。この状態に陥ると、「みんな違ってみんないい」は、互いの個性を尊重しているようでいて、実際には個性の違いを理解することを放棄したバラバラの個人の集まりを生み出すことになってしまいます。そして、個人や個性はバラバラで、それらの違いを理解して互いにつなぐことができないのでルールで縛るしかないといった人間観や社会観を生み出す可能性があります。実際、「みんな違ってみんないい」指導をする教師のもとでは、子どもたちはグループで話し合いをすると活発に意見を話しますが、実際には言いっぱなしで、互いの意見について理解を深める聴き合いをしていない授業がしばしば見られます。このような状況には、教師が自分の生まれ育った社会の価値観や考え方などを相対化して外から捉える四人称の視点をもち始めながらも、元の三人称の視点に引き戻されるかもしれない不安や恐れを感じていることが深くかかわっています。そのため、個性の伸長と社会貢献の振り子から抜け出すには、異なる性質や見方、考え方について自分を脅かすものとして対立的に捉えるだけでなく、自分の視野を広げたり自分自身の中にもある要素の発見につながったりするものとして相補的に捉えてみることが大切です。相補的な捉え方とは、たとえば、道教のシンボルである陰陽太極図のように、対立するように見えるものは互いに自分の中に相手の要素ももっており、自分の側に偏ろうとしても自分の要素だけで100%になることはありえない、という捉え方です。

具体的には、自分とは異なる個性や意見、見方、考え方について、自分の中にもその要素があるのではないかと考えて、理解しようとしてみるとよいでしょう。その際、自分とは異なるものに感情的な反発を覚えるとすれば、自分の中にある要素を認められずにいることが原因となっている可能性があります。たとえば「周囲に合わせなければならない」というチャッターが強く働いている人は、自己主張の強い人に対して感情的に反発を覚えがちです。自分は、やりたいことをしたいという思いを我慢しているのに、それを平気でやっている人がいることを許せないという反発であるとすれば、まずは、自分のチャッターを自覚した上で、自分が本当は主張したいことがあると認めることが大切です。このように自分と異なる存在を理解しようとすることが自分自身を発見することにつながる経験を積み重ねることで、異なる個性は互いに補い合うものという捉え方ができるようになります。そして、互いに相補性の捉え方をもつことで個性の伸長と社会貢献の両立につなげることができるでしょう。

魂の声と後の段階へ進むことを促す見方、考え方

「子どもが個性を発揮できるように育てたい」という思いの根底にあるのは、「子ども自身がやりたいことを見つける手助けをしたい」という魂の声ではないでしょうか。チャッター

によって教師自身が無意識に自分のやりたいことを抑圧しているとすれば、このような魂の声を現実化しようとしても、教師が抑圧していることを子どもにも抑圧させてしまうことになってしまいます。ですから、教師自身が自分とは異なる個性や見方、考え方を理解しながら自分の個性も子どもたちの個性もありのままに認める努力をすることが大切です。私たちは、日常生活の中で無意識に自他の言動に対して善悪の判断や評価を行っています。まずは、子どもたちのいわゆる問題言動について良い悪いの判断を留保して、子どもたちと中立・公平・対等なコミュニケーションを実践してみるとよいでしょう。多くの場合、問題行動とされる言動をした子どもも無意識にチャッターに動かされた自己評価や判断をしています。ですから、事実と子どもの自己評価や判断を聴き取って共有することが大切です。子どもが自分自身で、今、自分はどんな姿をしており、このままで過ごすとどうなりそうか、気づくように支援しながら、「これからどうしたい？　どうなったらいい？」と未来の理想を問い、その実現に向けて、今の子どもの姿から強みと課題を子どもと一緒に見つけ出して、これからの行動計画を立てるとよいでしょう。その過程で教師自身も違和感や反発を覚えた部分や誤解に気づいた部分について、自分自身を振り返ることで無自覚だったチャッターを自覚したり、新たな自分の強みを発見できたりすることで教師としての成長につながるでしょう。

そして、後の段階へ進むには、子どもたちのチャッターを発達段階毎に理解し、発達課題にかかわる経験について不十分な部分を補う活動や環境づくりに取り組んでみるとよいでしょう。そこから子どもたちの成長と発達を促す環境づくりの探究が始まるでしょう。

――例⑥子どもが自ら探究し続けるように育てたい（自律的段階）：「子どもが成長し続けるよう働きかけなければ」／「子どもの成長・発達につながる環境づくりをしたい」

成長にかかわるチャッターとその問題

「なぜ教師になりたいのか？」「何のために教師をしているのか？」という問いに対して、「子どもが自ら探究し続けるように育てたいから」という回答は、教職課程の学習を始めた時点の学生には、ほとんど見られませんが、今後、小学校から高等学校で探究的な学習に取り組んで自らが成長した経験をもって教師を目指す人が増えれば見られるようになるでしょう。この回答のバリエーションとして、

・子どもが自分の課題に向き合うことで成長する姿を見たいから

・子どもたちが自ら学び、生涯成長し続けるようになってほしいから
・探究学習をとおして子どもたちとともに成長したいから

などが考えられます。

これらの回答に共通するのは、子どもたちの成長のために自分の力を尽くしたいという思いです。しかし、これらの回答は、子どもたちの成長のために自分のどんな力をどのように用いればよいのか、模索している状況にあることも示している可能性があります。実際、この段階に発達段階の重心が移行しつつある教師には、探究学習やプロジェクト型学習、コンピテンシー・ベースの学習など現代的な教育方法を取り入れたり、中央教育審議会答申『令和の日本型学校教育』の構築を目指して」に示された個別最適な学びと協働的な学びを一体化する課題のような現代的な教育課題に積極的に取り組もうとしたりする傾向が見られます。

『令和の日本型学校教育』の構築を目指して」によれば、「個別最適な学び」は学習者視点の概念とされています。教師視点では指導の個別化と学習の個性化に基づく「個に応じた指導」とされています。そして、指導の個別化とは、「支援の必要な子供により重点的な指導を行うことなどで効果的な指導を実現することや、子供一人一人の特性や学習進度、学習到達度等に応じ、指導方法・教材や学習時間等の柔軟な提供・設定を行うことなど」であり、学習の個性化とは、「興味・関心・キャリア形成の方向性等に応じ、探究において課題の設定、

情報の収集、整理・分析、まとめ・表現を行う等、教師が子供一人一人に応じた学習活動や学習課題に取り組む機会を提供することで、子供自身が学習が最適となるよう調整する」こととされています。また、協働的な学びについては、「探究的な学習や体験活動などを通じ、子供同士で、あるいは地域の方々をはじめ多様な他者と協働しながら、あらゆる他者を価値のある存在として尊重し、様々な社会的な変化を乗り越え、持続可能な社会の創り手となることができるよう、必要な資質・能力を育成する」ことが重要とされています。そして、「子供一人一人のよい点や可能性を生かすことで、異なる考え方が組み合わさり、よりよい学びを生み出していくようにすることが大切」とされています。

発達論的な観点から個別最適な学びを実現する条件を検討すると、子ども自身がこれまでの学びと成長・発達の過程、そしてこれからの学びや成長・発達の方向性を自己確認する必要があります。しかし、これらのことを自己確認できるには、子どもたちは恐らく良心的段階以降に発達段階の重心が到達している必要があります。そのため良心的段階までの発達を促すために、良心的段階以降への発達の見通しをもった形で従来の方法を修正して用いることも必要となります。また、協働的な学びを実現する条件については、子どもたちを個人主義的段階以降に発達段階の重心が到達するよう促す見通しをもって指導することが必要となります。しかし、良心的段階を超えて個人主義的段階以降まで発達を促すための教育方法の

例⑥子どもが自ら探究し続けるように育てたい（自律的段階）

構成の仕方や環境づくりについては、現時点では個々の教師に委ねられています。

　成長にかかわるチャッターとして、「常に成長し続けなければならない」「子どもたちを成長させるために新しい方法に変えなければならない」「より発達段階が高い人が社会を支配すべきだ」といったものが挙げられます。そして、これらのチャッターには教師の「自分の力で子どもたちを成長させたい」という思いや「発達段階が高い人が支配すべき」という思いに見られるようにコントロール欲求が潜んでいます（本書では、発達段階は「高低」ではなく、「前後」と表現していることに留意してください）。

　これらのチャッターに動かされると、子どもたちを発達段階によって差別したり、後の発達段階へと子どもたちを発達させようとして子どもの発達段階と方法の発達論的射程の適合性を無視した方法を導入したりしてしまうことになりがちです。その結果、前の発達段階に重心があったり固着している段階があったりする子どもを排除することにもつながりかねません。

子どもたちとともに自己探究する課題

　これまで目指されてきた良心的段階より後の発達段階までの発達を目指す必要性は、急激に変化する社会に対応する教育改革に対する社会的要請があるため、今後、教師にも子どもたちにもプレッシャーとなる可能性があります。しかし、本来、発達段階は教師の指導によって進めるものではなく、各発達段階での発達課題を十分に経験しながら、一つ、あるいは二つ上の自我発達段階の見方、考え方に触れることをとおして自ら進んでいくものです。教師にできることは、まず、各発達段階での発達課題となる経験に対する理解と、発達段階が後の段階へと進むことを停止させてしまう発達の病理現象やそこから生まれるチャッターに対する理解を深めることです。そして、子どもたちの（広義の）成長には知識や技術、能力の量的増加（狭義の成長）と視点や思考の質的拡大（発達）があることと、発達には後の段階の視点や思考についての認知的理解に加えて自身のチャッターの自覚と克服が必要であること、発達は入れ子構造となっており前の段階を超えて含むと前の段階の見方、考え方を道具として使えることを教師自身が体験的に理解することです。

もしも教師自身がこれらのことをすべて体験的に理解してからでなければ子どもたちを指導することができないとすれば、何年間も、あるいは、何十年間も指導できないことになります。しかし、子どもたちの成長、発達を促す環境づくりをしながら、教師自身も子どもたちとともに成長、発達を目指すことができれば、すぐにでも取り組むことができます。このことを支える仮説として、本書では「発達を促すシンクロニシティ」を提案します。シンクロニシティは心理学者のユングが「二つ以上の出来事が重要な意味をもって同時に起こること」と定義しています。

また、組織変革とリーダーシップ論で知られるJ・ジャウォースキーは『シンクロニシティ』で「自分はより大きな全体の一部であると信じて行動し、その一方で柔軟性や忍耐力や鋭い認識力をもち続けると、『手に入るなどとは誰も夢にも思わないような、あらゆる種類の思いがけない出来事や出会いや物質的援助』が手に入るようになる」と述べています。私自身はジャウォースキーのような経験をしていませんが、確かに私の周囲には実際にこのような経験をしている人々がいます。しかし、本書では、ジャウォースキーとはやや異なり、自ら発達を志向する人々が対話したり交流したりするときに、発達段階が異なっていても発達課題に対する認識や発達を促す見方、考え方の理解が同時に起こる現象を「発達を促すシンクロニシティ」と捉えます。「発達を促すシンクロニシティ」は教師と子どもたちの間でも、子どもたち同士の間でも起こり得ます。実際に、子どもたちの発達を促す意識を持った教師との共同研究で、道徳授業での子どもたちの対話やワークシートの記述などを基に子どもたちの自我発達段階の進み方を数年間追いかけていく中で、教師の問いかけだけでなく、子どもの発言からも発達につながる思考が促される場面を発見しています。しかも、前の段階の子どもの発言から後の段階の子どもの発達が促される場合もあることが明らかになっています。

したがって、教師と子どもたちが「発達を促すシンクロニシティ」を意識して、それぞれの発達課題に向き合ったりチャッターを自覚して克服したりする活動を通してともに自己探究をしながら互いに支え合い、理解し合う環境づくりをすることが、成長にかかわるチャッターを克服することにつながるでしょう。

魂の声と後の段階へ進むことを促す見方、考え方

「子どもが自ら探究し続けるように育てたい」という思いの根底にあるのは、「子どもの成長・発達につながる環境づくりをしたい」という魂の声ではないでしょうか。それは、教師が自分の力で子どもたちを育てたことを誇示しようとするのではなく、教師がいなくなったとしても、子どもたち自身で成長し、発達し続けることができるようになることを望んでいるということです。魂の声に従えば、子どもたちが自分のペースで成長、発達することで自分らしく生きられるようになるための環境づくりの大切さが明らかになります。このような環境づくりは将来的にはもう少し一般化できるかもしれませんが、現時点では教師と子どもたちがともにチャッターを自覚し、克服する取り組みをしながら魂の声に従って志を積み重ねることで自分らしく生きる活動を理解し合い、支え合う共同体となることではないかと考えられます。

そして、後の段階へ進むには、チャッターのような無意識の言葉や見方、考え方が自分を取り巻く世界をネガティブで自分の可能性を制限するものにしていることに気づき、自分自身や子どもたちを取り巻く不安や恐れに動かされず、魂の声に従って自分らしい生き方、在り方を探究しながら、予測不可能な未来に開かれたありのままの自分を今、ここに見いだすことで、志を積み重ねて大志の実現に向かうとよいでしょう。

column 05

成長のアクセルにも発達のブレーキにもなるチャッター

本書では、チャッターが発達のブレーキとなる側面に焦点を当ててきましたが、チャッターには成長のアクセルになる側面もあります。たとえば、規則志向的段階の「○○しなければいけない」というチャッターは幼稚園や保育所、小学校低学年の時期に集団生活の秩序を維持するために守るべき規則に自ら従うよう働きかけることで成長を促します。また、順応的段階の「周囲の人々と異なる言動や外見をするのは恥ずかしい」というチャッターは学級集団の他の子どもたちの言動や外見に意識を向けて協調行動を取るよう働きかけることで成長を促します。自意識的段階の「他者と同じ意見ではいけない」というチャッターは自分の意見を自分の言葉で伝えるよう働きかけることで成長を促し、良心的段階の「目標を達成しなければならない」というチャッターは主体的に目標を立てて努力するよう働きかけることで成長を促します。このように成長の観点からは、チャッターは社会生活に必要な行動原則が内面化されたもので、学校教育を通して子どもたちに身につけさせるべきものに見えます。しかし、発達の観点から捉えると、チャッターは発達のブレーキとなります。では、成長と発達の両方を促すためにはチャッターをどのように受けとめればよいでしょうか。

次の発達段階に進んでいく過程では、前の段階の見方、考え方や欲求を一旦手放して道具化しながら、次の段階の見方、考え方や欲求と一体化していきます。ところが、不安や恐れを伴う形で各段階の見方、考え方や欲求と一体化してしまうと、各段階の見方、考え方や欲求が不安や恐れを伴うネガティブな言葉と感情であるチャッターになってしまうために手放すことが困難になります。前の段階のチャッターを手放すことができなくてもある程度までは発達段階を進んでいくことができますが、手放せないチャッターが多くなると次第に発達段階を後の段階へ進むことが困難になり、最終的には発達が停止してしまうと考えられます。

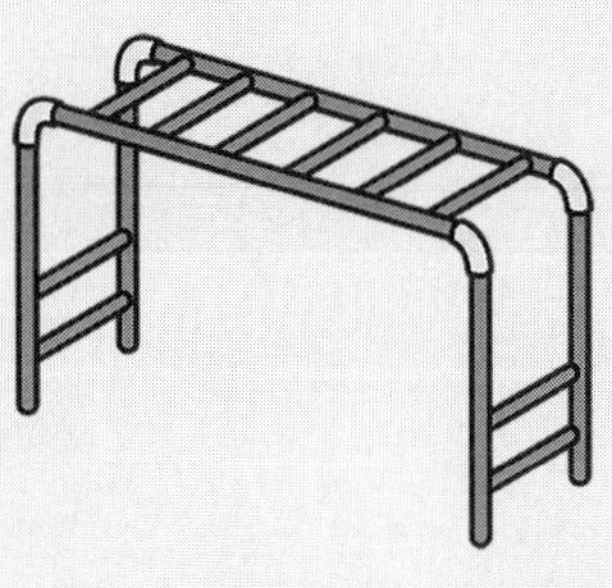

発達段階の進行を雲梯（うんてい）に例えるとチャッターがなければ次の横棒をつかむと同時に前の横棒をもっていた手を放すことで前に進むことができます。しかし、チャッターがあると後ろへ引っ張られたまま前に進むことになり、後ろへ引っ張るチャッターが増えると前に進めなくなってしまいます。このことから考えれば、学校教育において子どもたちに不安や恐れを抱かせる形で学習指導や生徒指導をすることは、目先の成長を促しますが、長期的に見て発達を停止させることにつながることが明らかになります。

第6章

chapter-6

包容力のある教師になるために

教師も子どもたちも自分らしく生きられる
学級・学校づくりに向けて

本章では新しい発達論の視点から、これからの教育の在り方と教師に求められる役割がどのように変化するか考察します。そして、これからの教育の在り方や自身の発達の見通しを踏まえて、具体的にどのような教師になって何をしたいのか、改めて考えてもらうために、教師としての理想や目標を再設定するためのチェックポイントを示した上で、最後にチャッターを減らしたり完全に克服したりするための手掛かりを示します。

新しい発達論の視点からこれからの教育を考える

教育の目的や方法の概略は教育基本法や学習指導要領などに規定されていますが、子どもたちの実態に応じて目標を設定したり方法を選択したりする必要があるため、学校現場での目標設定や方法選択については規定された範囲内でそれぞれの学校や教師の裁量に委ねられています。これまでの学習指導要領では子どもたちの発達段階に応じて学級や授業の目標や指導方法を選択する形になっていましたが、現行の学習指導要領や中央教育審議会答申『令和の日本型学校教育』の構築を目指して」では、個別最適な学びと協働的な学びを一体化することが求められるようになりました。これまでの学齢期に限定して年齢で発達段階を捉えるヒエラルキー構造の発達論から、生涯にわたる発達を見通して個別に発達段階を捉えるホラーキー構造の発達論に転換することで、発達段階に応じた形で個別最適な学びと協働的な学びを一体化した目標を設定したり指導方法を選択したりしやすくなります。

まず、第4章で示した発達論的射程の概念を用いて、発達段階ごとに子どもたちの成長・発達を促す動機づけとなる動因の入れ子構造を確認してみましょう。各段階について前者がポジティブな動因、後者がネガティブな動因となります。自己防衛的段階では安心／不安や恐れ、規則志向的段階では個人からの受容／拒否、順応的段階では集団からの受容／拒否、自意識的段階では意見の承認／否定、良心的段階では勤勉さの承認／否定、個人主義的段階では個性や価値観の相互承認／相互否定、自律的段階では生き方や人生の意味づけ／虚無と考えられます。具体的にはたとえば、自己防衛的段階の子どもは安心を得るため、あるいは不安を避けるために行動し、規則志向的段階の子どもは安心の基盤の上に身近な相手からの受容を得るため、あるいは拒否を避けるために行動します。順応的段階の子どもは安心と個人からの受容の基盤の上に集団からの受容を得るため、あるいは拒否を避けるために行動するということです。そして、ポジティブな動因は第1章で説明したように腹側迷走神経の活性化によりリラックスした身体反応を起こすことで他者とつながって協力しようとする傾向を生み出すのに対して、ネガティブな動因は交感神経の活性化により緊張度の高い身体反応を起こすことで闘うか逃げるかの行動を起こそうとする傾向を生み出します。さらに、ネガティブな動因が身体や生命の危機と感じさせるレベルに達すると背側迷走神経によって身体が凍りついたように動かなくなったり意識が遠のいたりする反応を引き起こします。

ポジティブな動因は、即効性はありませんが子どもたちの成長や発達を促す基盤となります。これに対してネガティブな動因は、即効的に子どもたちの言動の変化を生み出す反面、不安や恐れによって子どもたちを動かすために子どもたちのチャッターを生み出しやすく、長期的には発達を停止させることにもつながります。ネガティブな動因は、その即効性によって教育の現場でしばしば用いられますが、それが子どもたちの発達および社会組織の発達を停止させていること、そして、頻繁にネガティブな動因を用いて子どもたちを動かそうとすることが教室マルトリートメントや社会的マルトリートメントとして指摘される問題につながっていると考えられます。さらに、教師や大人自身も子どもの頃からネガティブな動因に基づく教育や組織運営による影響を受け続けて多くのチャッターを抱えている可能性があります。その場合、学習指導要領や生徒指導提要等でポジティブな動因に基づく教育方法を推奨していても、教師自身の思考や言動がチャッターからくるネガティブな動因に取り巻かれているとポジティブな動因に基づく方法に切り替えることが困難になります。

そのため、まずは、教師自身が自分の思考や言動が各発達段階のポジティブな動因から出ているものか、ネガティブな動因から出ているものか、自覚することが大切です。思考や言動がネガティブな動因に動かされていることが自覚できた場合、そのネガティブな動因は目の前で実際に起きていることではなく、過去のネガティブな出来事と同じことが起きているという思い込みによって生じている可能性がないか、落ち着いて内省してみましょう。そして、もしもネガティブな動因がなかったとしたら自分はどうしたいのか、どうなったらいいと思っているのか、内省してみるとよいでしょう。

また、満倉靖恵氏が『「フキハラ」の正体』で「不機嫌ハラスメント」と呼んだ不機嫌の伝播と同様に、あるいは生物の生存本能から考えればそれ以上に、不安や恐れといったネガティブな感情は周囲に広がりやすいと考えられます。川上康則氏の『教室マルトリートメント』でも職員室での「圧」すなわち圧迫的なコミュニケーションが教室マルトリートメントを生み出すことが指摘されていますが、他の教師が圧をかけられている場にいるだけで、直接的に圧をかけられなくても職員室にいる多くの教師が不安や恐れを抱くことになるでしょう。用事があってそのような職員室に行く子どもたちも同様に不安や恐れを感じ取って職員室に近寄らなくなります。さらに、たとえば「あなたの指導が甘いから子どもが問題行動をする」といった同僚からの圧によって不安や恐れを抱いた状態で教室に戻った教師は、子どものちょっとした逸脱行動に過剰に反応して圧をかける指導をしてしまう可能性があります。

圧によって不安や恐れを感じ取る程度は、その人のチャッターの量にもよります。教師が学級全員に圧をかける指導をした場合に、しばしばその指導内容を伝えたい子どもには響かず、指導が必要ない子どもが不安を抱いて教師に自分は問題がないか確認しにくることがあります。それは真面目で几帳面な子どもほど多くのチャッターを抱えている傾向があるためだと考えられます。このように、圧をかける指導、すなわちネガティブな動因による指導は、しばしば本来指導対象とする子どもへの効果よりも、その指導を見て不安や恐れを抱いた周囲の子どもたちにチャッターを増やす悪影響の方がはるかに大きくなりがちです。

これらのことから、ポジティブな動因による指導は全員に対して日常的に行い、ネガティブな動因による指導はできるだけ他の子どもたちのいない場所で、個人に対して短時間で端的に内容を伝える形で行った上で、最後はできるだけポジティブな動因に戻す形で用いることが望ましいことが明らかになります。

では、全員に対して日常的に行うポジティブな動因による指導は、どのように行えばよいでしょうか。第2章で説明したフレデリック・ラルーの組織の発達段階を参考にしながら、第4章で示した発達論的な見通しと入れ子構造に基づく指導方法を整理してみましょう。ラルーは組織の進化、すなわち社会の歴史的発展に伴う組織形態の移行に主眼を置いており、組織の発達段階を入れ子構造の視点では論じていません。そのため、前の段階に位置する組織ほど現代的な観点で問題となる側面に焦点を当てた形で組織の特性が示されています。本書では、自己防衛的段階に対応する衝動的組織から自律的段階に対応する進化的組織までの特性を入れ子構造でポジティブに捉えて、発達を促す学級の在り方と指導方法を示します。

衝動的組織は力による支配と服従に基づいた運営とされています。しかし、後の段階への発達を促す学級の場合には、教師が子どもたちを見守り、必要なケアを与えて心理的な安全性を保障することで子どもたちの教師の力に対する信頼をベースにした関係を築くことが学級運営の基本となります。そして、子どもの失敗や間違いも成長や発達のきっかけとして肯定的に捉え、どうすればよいか子どもと一緒に考えながら、足りない部分を補う形で教える安心と受容をベースにした指導方法であれば、チャッターを増やすことなく子どもたちの発達に沿って次の順応型組織へと進めるでしょう。

順応型組織はきまりや役割の遵守に基づいた運営とされています。しかし、後の段階への発達を促す学級の場合には、教師は子どもたちの能力や個性、価値観の多様性を尊重することを基本的なきまりとしながら、集団生活の中で子どもたちの能力や個性、価値観の多様性を認め合って発揮できるきまりや役割分担を子どもたちとともに創り上げていくことが学級運営の基本となります。そして、子どもたち同士でも互いの能力や個性、価値観の違いを肯定的に捉えて認め合い支え合う活動を取り入れることで、集団からの受容と子どもの居場所づくりをベースにした指導方法であれば、チャッターを増やすことなく子どもたちの発達に沿って次の達成型組織へと進めるでしょう。

達成型組織はメンバーの能力の発揮と目標達成に基づいた運営とされています。しかし、後の段階への発達を促す学級の場合には、教師は、子どもたちそれぞれが多様な能力を発揮できるような現実的で達成可能な目標を設定し、互いに目標の進捗状況や課題を確認しながら達成に向けて支え合う環境をつくることが学級運営の基本となります。そして、子どもたちが互いの意見を自分の価値判断を入れずに最後まで聴き取って承認し合う活動を取り入れることで、互いの意見や努力を承認し合うことをベースにした指導方法であれば、チャッターを増やすことなく子どもたちの発達に沿って次の多元型組織へと進めるでしょう。

多元型組織は組織の目的を共有して個性を発揮することに基づいた運営とされています。しかし、後の段階への発達を促す学級の場合には、教師は、子どもたちの話し合いにより学級でともに学ぶ目的を設定して共有した上で、個人の目標を設定し活動することを通して互いの個性や価値観の違いを認め合って成長や発達に向けて支え合う環境をつくることが学級運営の基本となります。そして、子どもたちが互いの意見や言動の背景となる文脈から、それぞれの価値観のよい面と課題を理解しながら、多様な価値観を相補的に捉える活動を取り入れることで、互いの個性や価値観を承認し合うことをベースにした指導方法であれば、チヤッターを増やすことなく子どもたちの発達に沿って次の進化型組織へと進めるでしょう。

進化型組織は組織のメンバーの成長や発達を互いに支援し合うことに基づいた運営とされています。しかし、後の段階への発達を促す学級の場合には、教師は、子どもたちとともに自らの成長や発達の過程を振り返って残された発達課題やチャッターを自覚し、克服する取り組みをしながら、魂の声に従って志を積み重ねることで、自分らしく生きるために支え合う環境をつくることが学級運営の基本となります。そして、自分らしく生きるための探究活動を通して興味・関心、才能、性格などの自分らしさと社会貢献をつなぎながら、生涯にわたって成長、発達し続けるための活動を互いに理解し、支え合うことで、生き方や人生の意味づけをすることをベースにした指導方法によって、生涯にわたって誰もが自分らしく生きられる社会と新たな組織形態を生み出すことになるでしょう。

このような発達論的な見通しおよび入れ子構造に基づくポジティブな動因を用いた指導によって、個別最適な学びと協働的な学びの一体化を行う場合、教師に求められる役割は大きく変化することになるでしょう。これまで教師の役割の中心は教科の学習指導でしたが、個別最適な学びと協働的な学びの一体化によって、基礎的な知識や技能の学習指導は個別最適化されたオンデマンド学習によって行われることになると予想されます。その結果、教科学習の指導に関して今後も大きく変化せずに残るのは、基本的な学習習慣の習得を主な目的として行われる小学校低学年から中学年くらいまでの基礎的な教科指導と、教科等横断的な視点での発展学習や探究学習の指導ではないかと考えられます。そして、これからの教師の役割の中心は子どもたちの話し合い、聴き合いを促すファシリテーションの指導や、子どもたちの成長と発達を促すための目標設定の支援や子どもたちの見方、考え方を広げたり深めたりするための問いや示唆を与えるコーチングへと重点が移行していくことが予想されます。

ファシリテーションを用いた学級運営や学習の進め方については、本書でも若干触れましたが、具体的な実践方法については、岩瀬直樹・ちょんせいこ氏の『よくわかる学級ファシリテーション①～③』に示されています。ホワイトボード・ミーティング®については第4章でも紹介しましたが、幼稚園や小学校低学年から実践事例がありますので、先ほど説明した衝動型組織から進化型組織までの学級運営すべてに子どもたちの実態に応じて導入することができます。最初は教師がファシリテーターとして子どもたちの話し合い、聴き合いを促します。次第に子どもたちも互いに相手の話を聴いてホワイトボードに書く練習をしてスキルを高めていくことで、子どもたち自身がファシリテーターとなって、互いの意見を中立・公平・対等な立場で聴いて書くことで承認し合う活動ができるようになると、子どもたちも学級集団も発達段階がより後の段階へ進みやすくなるでしょう。

コーチングについては、その基本スキルとして傾聴、質問、承認の3つが共通して挙げられることが多く、その他にフィードバックやリクエスト（提案）が挙げられる場合もあります。最初の3つのスキルについてはホワイトボード・ミーティング®の実践をとおして身につけることが可能です。本書では子どもたちの成長と発達を促す学級運営のための基本方針と発達段階の全体像とともに、各段階特有の見方、考え方の傾向や後の段階への発達を促すためのチャッターの捉え直し方を示しました。子どもたちの活動へのフィードバックを行ったり、成長や発達を促すためのリクエスト（提案）を行ったりする際に、これらの見方、考え方やチャッターの捉え直し方が役立つでしょう。

教師としての理想や目標の再設定

これからの教育の在り方と教師に求められる役割の変化を予想してみました。本書で示した大枠の変化の予想を参考にしながら、具体的にどのような教師になって何をしたいか、については、読者の皆さんそれぞれが予想した社会や学校の変化に基づいて自身の取り組みたい課題を具体化していく必要があります。そこで、発達論的な見通しおよび入れ子構造に基づくポジティブな動因を用いた指導の観点から、教師としての理想や目標を再設定してみましょう。

まず、本書の第3章「どんな教師になりたいのか」について、今の自分に一番しっくりきた回答例や、陥りやすい課題が自分に当てはまると感じた回答例から自分の重心となる発達段階を確認してください。そして、自分がなりたいと思っている教師像について、チャッターに動かされたことで、そのようにならねばならない、あるいは、そうなるのが当たり前と思っていることはないか検討してみましょう。その際、自分の重心となる発達段階より前の段階のチャッターによって「〇〇しなければならない」「〇〇するのが当たり前」と思っている可能性もあります。自分の重心となる発達段階とそれより前の段階で生まれたチャッターを意識することで、「なりたい」あるいは「やりたい」と思っていることと「しなければならない」「するのが当たり前」と思っていることを切り離してみましょう。自分が「なりたい」あるいは「やりたい」と思っていることについて考えたり取り組んだりしている過程で「もしもできなかったら…」と考えたときに不安や恐れを感じるとしたら、本当になりたい、やりたいと思っていることの周りに、そうではないものがくっついて現在の回答になっていると考えられます。本当に自分が「なりたい」あるいは「やりたい」と思っていることであれば、考えたり取り組んだりしている過程でも充実感を覚えるはずです。「なりたい」

あるいは「やりたい」と思っていることと「しなければならない」「するのが当たり前」と思っていることを切り離す際には、第5章で各発達段階について示した「魂の声と後の段階へ進むことを促す見方、考え方」も参照しながら、自分の重心となる発達段階とそれより前の段階についてのポジティブな動因に基づいて、本当に自分が「なりたい」あるいは「やりたい」と思える理想の教師像を描いてみましょう。

次に、本当に自分が「なりたい」あるいは「やりたい」と思える理想の教師になるための目標を設定しましょう。自分の重心となる発達段階の一つ前の発達段階について、第5章で示した各発達段階の取り組むべき課題と後の段階へ進むことを促す見方、考え方を確認して参考にするとよいでしょう。第5章を参照しやすくするために、以下に第5章で示した各発達段階で取り組むべき課題をまとめてみます。

各発達段階で取り組むべき課題

例①自己防衛的段階：不安や恐れからくるコントロール欲求を手放して、ありのままの自分を認める課題

例②規則志向的段階・順応的段階：集団から拒否されることへの恐れからくる型への依存を手放して、型にはまってみながら型のメリット・デメリットを捉える課題

例③自意識的段階：自分の考えが否定されることへの恐れからくる教えることへのこだわりを手放して、子どもの目線から子どもの学びの姿を捉えて理解する課題
例④良心的段階：自分の勤勉さが否定されることへの恐れからくる理想へのこだわりを手放して、これからの社会の理想と今できることを子どもたちと協働で探究する課題
例⑤個人主義的段階：自分の個性や価値観が否定されることへの恐れからくる対立的な思考を手放して、相補的な捉え方で個性の伸長と社会貢献を両立しながら自分らしさを探究する課題
例⑥自律的段階：自分の生き方や人生が無意味になることへの恐れからくる成長への焦りを手放して、発達を促すシンクロニシティを意識して成長や発達のための自己と他者の理解と課題克服を支え合うことで自分らしさの実現、すなわち志の成長に向かう課題

自分の重心となる発達課題の一つ前の段階の課題が中心的に取り組むべき課題となります。ただし、各発達段階の課題は入れ子構造になっているので、それより前の段階にも取り組むべき課題が残っている場合には、先にその課題に取り組むか、同時に両方の課題に取り組むことで発達のブレーキを取り除いた方がよいでしょう。

取り組むべき課題が明確になったら課題の原因を掘り下げて考えた上で課題を克服して理

想へと向かうための方法を具体化しましょう。あいまいな理想や目標のままでは、何にどのように取り組めばよいのかわからないため、理想を実現することができません。あいまいな状態を思考を明晰にする方法を示した『解像度を上げる』で馬田隆明氏は、このような状態を思考の「解像度が低い状態」と呼び、その状態のままで意思決定をするのは「霧のかかった中で射るべき的が見えないまま、当てずっぽうに打ち手という矢を射るようなもの」と述べています。そして、解像度を上げることで、具体的な取り組みができるようにするための方法を（1）深さ、（2）広さ、（3）構造、（4）時間の四つの視点から説明しています。本書では馬田氏の四つの視点に（5）シンクロニシティを加えた五つの視点から、教師としての理想や目標の解像度を上げるためのチェックポイントについて、「どんな教師になりたいか」に対して「子どもに寄り添う教師になりたい」と回答した場合を例に説明します。

●（1）深さ

馬田氏は深さの視点とは「原因や要因、方法を細かく具体的に掘り下げること」と述べています。それは「何が根本的な問題か」を5段階から7段階くらいまで掘り下げて考えることです。教師としての理想や目標に関して言えば、次の４つの問いに答えることで、深さを確保することができるでしょう。

①なぜ、それをやりたい、こうなりたいと思っているのか
②その背景にある課題は何か
③その課題が生じた原因や要因として何が考えられるか
④その課題を解決する方法として何が考えられるか

①なぜ、それをやりたい、こうなりたいと思っているのか

なぜ「子どもに寄り添う教師になりたい」と思ったのか、そのきっかけとなるエピソードを思い出してみましょう。たとえば、「転校先の小学校で、後ろの席の男子から授業中に消しゴムを投げられたり、休み時間に嫌だと思うことを言われたりしていたのに、その様子を見ていた先生は見て見ぬふりをしていた。その経験がとても辛かったので、私は子どもの様子を見て、声をかけたり相談に乗ったりする教師になりたい」といったエピソードです。

②その背景にある課題は何か

エピソードに挙げた事例に見られる課題は何か（エピソードがよい事例の場合には、何ができていたからうまくいったのか）について、教師自身が取り組むべきものと子どもたちが取り組むとよいと思うものの両面から考えてみましょう。たとえば、教師は「子どもが教室で不安を感

じていたり嫌なことをされたと感じたりしていることに気づいて声をかける」、子どもたちは「教室で不安を感じていたり嫌なことをされたと感じたりしているクラスメートに気づいて声をかけたり先生に伝えたりする」といった課題です。

③ その課題が生じた原因や要因として何が考えられるか

その課題が生じた原因や要因（エピソードがよい事例の場合には、うまくいった原因や要因）について、教師側の要因と子どもたちの要因に分けて、できるだけ複数段階まで深めて考えてみましょう。たとえば教師側の要因として、「時間が経てば解決すると考えていた」「子どもたちの間で解決すべき問題と考えていた」、子どもたちの要因として「転校してきた女子が気になったがどのように接してよいかわからず結果的に意地悪をすることになった」「一部の子どもたちにストレスが溜まっていてたまたま転校してきた子どもがストレスのはけ口にされた」といった要因が考えられます。

そして、それぞれの原因や要因について、さらに深い原因や要因へと掘り下げてみましょう。原因や要因を掘り下げる際には教師側、子どもたち側のどちらかに限定せず、たとえば子どもたちの要因についての深い原因に、教師の対応の問題が出てきても構いません。また、教師と子どもたちの発達段階やチャッターについても検討し、その背景と発達課題の考察につなげるとよいでしょう。ここでは、エピソードに挙げた事例の課題について、より深い要因を字下げして示すことにします。

まず、教師側の要因について例示します。

「時間が経てば解決すると考えていた」

「子ども自身がどう感じているか確認しようとしなかった」

「自分の思い通りに子どもたちを動かそうとして子どもたちからどのように見えているか考えていなかった」（二人称の視点に立てない自己防衛的段階の課題）

「自分の感覚では気にならないので子どもも同じだと考えた」

「自分の見方と転校してきた子どもの見方が異なることに気づいていなかった」（自分の経験の外の四人称の視点に立てない良心的段階までの課題）

「子どもたちの間で解決すべき問題と考えていた」

「子どもたちが自己解決できるかどうか考えていなかった」

「子どもたちの実態を考えずに一般によいとされる教育方法に飛びついた」（周囲の意見に流される順応的段階の課題）

「子どもたちが自己解決できると判断していた」

「自然消滅と自己解決の区別がつけられていなかった」（外見からパターン化して内面を判断してしまう自意識的段階の課題）

次に、子どもたちの要因について例示します。

「転校してきた女子が気になったがどのように接してよいかわからず結果的に意地悪をすることになった」
「自分の行為が相手にどう受けとめられるか、相手の立場に立って考えることができていなかった」（二人称の視点に立てない自己防衛的段階の課題）
「教師の意識が授業を進めることにのみ向かっていて、子どもたち一人ひとりの発達課題を踏まえた生活指導の必要性を意識できていなかった」（教えることに意識が向いて子どもの学びを意識できない自意識的段階の課題）
「一部の子どもたちにストレスが溜まっていてたまたま転校してきた子どもがストレスのはけ口にされた」
「教師が子どもたちにプレッシャーをかけるような学級運営をしていた」
「教師が子どもたちの実態よりも周囲の教師の目を気にしていた」（周囲の意見に流される

順応的段階の課題）

「一部の子どもたちが周囲の子どもたちに受け入れられていない状況にあった」

「子どもたちが派閥をつくって仲間外れをしやすい状況にあった」（周囲の意見に流される順応的段階の課題）

「一部の子どもたちが授業についていけなくて不満が溜まっていた」

「教師が子どもたちの学力差を踏まえて全員が参加できる授業づくりを意識できていなかった」（教えることに意識が向いて子どもの学びを意識できない自意識的段階の課題）

このように、それぞれの要因について3段階程度まで深い原因を掘り下げるとよいでしょう。

④ その課題を解決する方法として何が考えられるか

次に、③で挙げた課題から、自分の発達段階の重心の段階にあたる課題あるいはそれより一つ前の段階の課題が現れている要因を取り上げて、その課題や要因を解決する方法を考えてみましょう。この事例では「子どもに寄り添う教師になりたい」は、良心的段階の人に多く見られる回答ですが、発達段階の重心はそれより前の段階にあることが多いため、その一つ前の自意識的段階の課題が現れている要因を取り上げて検討します。

自意識的段階の課題が現れている要因として、

ア「子どもたちの間で解決すべき問題と考えていた」↑「子どもたちが自己解決できると判断していた」↑「自然消滅と自己解決の区別がつけられていなかった」（外見からパターン化して内面を判断してしまう自意識的段階の課題）

イ「転校してきた女子が気になったがどのように接してよいかわからず結果的に意地悪をすることになった」↑「自分の行為が相手にどう受けとめられるか、相手の立場に立って考えることができていなかった」（二人称の視点に立てない自己防衛的段階の課題）↑「教師の意識が授業を進めることにのみ向かっていて、子どもたち一人ひとりの発達課題を踏まえた生活指導の必要性を意識できていなかった」（教えることに意識が向いて子どもの学びを意識できない自意識的段階の課題）

ウ「一部の子どもたちにストレスが溜まっていてたまたま転校してきた子どもがストレスのはけ口にされた」↑「一部の子どもたちが授業についていけなくて不満が溜まっていた」↑「教師が子どもたちの学力差を踏まえて全員が参加できる授業づくりを意識できていなかった」（教えることに意識が向いて子どもの学びを意識できない自意識的段階の課題）

の3つが挙げられていました。ここに示された自意識的段階の課題は、第5章の例③自意識的段階で示した、自分の考えが否定されることへの恐れからくる教えることへのこだわりを手放して、子どもの目線から子どもの学びの姿を捉えて理解する課題とほぼ一致しています。

第5章の例③「教えることから学ぶことへ視点を切り替える課題」では、

・自分の方法によって子どもたちは実際のところ何を学んでいるのか、それはその方法を用いることで教師がねらいとした姿と一致しているのか、自分が評価するだけでなく他の教師からも評価してもらう

・自分の方法の強みと課題を挙げるとともに、自分の方法が最も有効に働くのはどのような目的や状況で用いた場合か検討する

・自分の方法に対する批判や自分の方法に合わない子どもの事例を方法の改善につなげる

「魂の声と後の段階へ進むことを促す見方、考え方」では、

・自分が違和感を覚えた子どもたちの言動について、自分が落ち着いて話を聴けるときに、なぜ、何のためにそのような言動をとったのか尋ねてみる

・子どもたちが学校で学んで卒業し、社会へ出ていくときの子どもたちの学びの姿の理想を明確にし、入学から卒業まで、さらには前後の学校段階につながる子どもたちの成長や発達の見通しをもった指導方法を考える

が挙げられています。これらの方法を参考に、最初に挙げたエピソードの場面について、自

分だったら教師の立場で具体的にどのように考え、どのように対応するか、検討してみるとよいでしょう。

●（2）広さ

馬田氏は広さの視点とは、「考慮する原因や要因、アプローチの多様性を確保すること」と述べています。教師としての理想や目標に関して言えば、次の3つの問いに答えることで、広さを確保することができるでしょう。

①課題が生じた原因や要因として挙げたものの他にもっと原因や要因はないか

（1）の③で挙げた原因や要因以外の原因や要因として、たとえば、教師自身や子どもたちの発達段階の重心より前の段階に、発達の病理やチャッターが存在しないか、検討してみるとよいでしょう。特にコントロール欲求に関する課題は自己防衛的段階以降の発達段階でもしばしば見られます。具体的には、教えることに意識が向いて子どもの学びを意識できない自意識的段階の課題の背景に、「自分の力を見せつけたい」「力によって自分を認めてほしい」といったコントロール欲求にかかわるチャッターがあるために、子どもたちの視点に立てなくなっている要因が隠れている可能性もあります。

② 課題を解決する方法として挙げたものの他にもっと方法はないか

（1）の④で挙げた課題を解決する方法についても同様に、教師自身や子どもたちの発達段階の重心より前の段階の発達の病理やチャッターを克服する方法を検討してみるとよいでしょう。たとえば、コントロール欲求にかかわるチャッターの克服方法としては、第5章例①の「ありのままの自分を認める課題」に示したように、子どもたちがその教科に関心をもったり学んでみようと思ったりする可能性を高めるために、子どもたちに自分の能力の優れた面を見せようとするのではなく、その能力を身につける以前にできなくて苦労したり、失敗したり、挫折しそうになったりした経験を伝える方法が考えられます。

③ 原因や要因、方法について、十分に広い範囲から最も重要と考えられるものを選択しているか、また、それを選択した根拠は十分か

ここまでで検討した原因や要因と課題を解決する方法のそれぞれについて、最も重要と考えられるものを選択できているか、確認しましょう。そして、最も重要と考えた自分自身にとっての理由を考えてみましょう。その際の判断基準の例として、今の自分にとって最も取り組みやすい課題や方法であること、今の自分が最も取り組みたいと切実に感じる課題や方

法であること、今の子どもたちにとって最も必要だと感じる課題や方法であること、これからの自分の成長、発達に最もつながると感じる課題や方法であること、子どもたちの成長、発達に最もつながると感じる課題や方法であること、などが挙げられます。

●（3）構造

馬田氏は構造の視点とは、「『広さ』や『深さ』で見えてきた要素を、意味のある形で分け、要素間の関係性やそれぞれの相対的な重要性を把握すること」と述べています。教師としての理想や目標に関して言えば、次の2つの問いに答えることで、構造を明確化することができるでしょう。

①事例、原因、方法の関係性から最も重要なポイントを明示できるか

最初に挙げたエピソードの事例と（2）③で挙げた原因、方法をつないでみて、方法がエピソードの事例の問題に含まれる最も重要な課題を解決することにつながっているかどうか、確認してみましょう。その際に、他にも重要な原因や方法が考えられる場合には、重要なポイントとして追加しましょう。そして、重要なポイントとして挙げた方法の発達論的射程は子どもたちの実態に即しているか、その方法が目指す目的は学習指導要領や自分が受験ある

いは勤務する都道府県教育委員会の教育方針とどのような点で一致しているか、についても検討してみるとよいでしょう。

② 最も重要なポイントと他の重要なポイントとの関係について優先順位をつけて示せるか

最も重要なポイントや重要なポイントの原因や方法との関係について、緊急度や重要度などを基準にして優先順位をつけてみましょう。ここでは書き方の例を示すために、（1）の④で挙げたアイウの例から他に重要なポイントが追加されなかったと仮定して、方法を具体化しないままですが、優先順位と方法をゴシック体にして明示した書式例を示します。

優先順位1緊急かつ重要：ア「子どもたちの間で解決すべき問題と考えていた」↑「子どもたちが自己解決できると判断していた」↑「自然消滅と自己解決の区別がつけられていなかった」（外見からパターン化して内面を判断してしまう自意識的段階の課題）**↑自分が違和感を覚えた子どもたちの言動について、自分が落ち着いて話を聴けるときに、なぜ、何のためにそのような言動をとったのか尋ねてみる**

優先順位3緊急ではないが重要：イ「転校してきた女子が気になったがどのように接してよ

いかわからず結果的に意地悪をすることになった」↑「自分の行為が相手にどう受けとめられるか、相手の立場に立って考えることができていなかった」（二人称の視点に立てない自己防衛的段階の課題）↑「教師の意識が授業を進めることにのみ向かっていて、子どもたち一人ひとりの発達課題を踏まえた生活指導の必要性を意識できていなかった」（教えることに意識が向いて子どもの学びを意識できない自意識的段階の課題）**↑子どもたちの発達段階の実態を捉えた上で発達段階に応じて個別指導を行う**

優先順位２緊急かつ重要：ウ「一部の子どもたちにストレスが溜まっていてたまたま転校してきた子どもがストレスのはけ口にされた」↑「一部の子どもたちが授業についていけなくて不満が溜まっていた」↑「教師が子どもたちの学力差を踏まえて全員が参加できる授業づくりを意識できていなかった」（教えることに意識が向いて子どもの学びを意識できない自意識的段階の課題）**↑自分の方法によって子どもたちは実際のところ何を学んでいるのか、それはその方法を用いることで教師がねらいとした姿と一致しているのか、自分が評価するだけでなく他の教師からも評価してもらう。そして、全員が参加できる授業方法と自分の方法それぞれの強みと課題を挙げるとともに、自分の方法が最も有効に働くのはどのような目的や状況で用いた場合か検討し、全員が参加できる授業方法を取り入れてみる。**

●（4）時間

馬田氏は時間の視点とは、「経時変化や因果関係、物事のプロセスを捉えること」と述べています。教師としての理想や目標に関して言えば、次の2つの問いに答えることで、未来と過去の時間の視点を踏まえることができるでしょう。

①時間とともに変わっていく状況を踏まえているか

まず、自分にはどのようなチャッターがあって、それがこれまで自分の捉え方にどのようにかかわってきたか、考えてみましょう。そして、このままチャッターに動かされ続けたら今後どのような問題が起こりそうか、もしもチャッターがなかったら自分の捉え方はどのように変わっていきそうか、チャッターを克服するためにどのようなことを意識すればよいか、について第3章から第5章を参照しながら考えるとよいでしょう。そして、必要に応じて（3）の②の書式に書いた方法を加筆修正するとよいでしょう。

②過去にとらわれていないか

まず、自分が手放したくないもの、こだわっているものは何か、考えてみましょう。そして、それにこだわることは自分の成長を促しているかどうか、確認してみましょう。もしも成長を促しているとは思えず、何らかの停滞や行き詰まりを感じている場合には、こだわりによって発達を停止させているかもしれません。その場合には、第3章に示された「陥りやすい課題とその克服方法」や第4章の「場面指導に対する対応例」、第5章に示された「魂の声と後の段階へ進むことを促す見方、考え方」を参考に次の発達段階へ進む方法を考えてみるとよいでしょう。また、もしも、その手放したくないものやこだわっているものがない教師だったらどのように考え、どのような方法を取り入れるか、具体的に知っている教師を思い浮かべながら想像してみる方法もあります。うまく想像できない場合には、周囲の学生や同僚の意見を聞いてみるとよいでしょう。そして、必要に応じて（3）の②の書式に書いた方法を加筆修正するとよいでしょう。

●（5）シンクロニシティ

最後に、「発達を促すシンクロニシティ」、すなわち教師も子どもたちも自分らしく成長・発達するための意味のある一致について、次の2つの問いに答えながら教師としての理想や目標を再設定してみましょう。

① 自分の理想に近い「魂の声」の例から最初の目標を再設定する

まず、第5章の「魂の声と後の段階へ進むことを促す見方、考え方」から今の自分の理想に最も近い魂の声の例を探してみましょう。たとえば、「子どもに寄り添う教師になりたい」が今の理想で、目標が「そのために、子どもの言動の理由を尋ねて理解するとともに、全員が参加できる授業をしたい」という場合に、最も近い魂の声の例が「子どもたち一人ひとりが幸せになる手助けをしたい」だとします。その場合、「魂の声と後の段階へ進むことを促す見方、考え方」に示された取り組みの例も参考に、理想と目標を次のようにより具体化してみるとよいでしょう。

子どもに寄り添う教師になって子どもたち一人ひとりが幸せになる手助けをしたい。そのために子どもたちと目標を共有し、取り組んでみたいと思える課題を設定して、学習成果を他の子どもたちと共有できる授業をしたい。

さらに、チャッターがない状態で目標とする授業や指導をしている自分の姿を思い浮かべながら、より自分にしっくりくる表現を考えて語句を修正したり、具体的な授業や指導の進め方について教材や指導場面を設定してイメージできるようにしたりするとよいでしょう。

②　再設定した理想や目標を意識して生活したときに気づいた意味のある一致と考えられる出来事は何か

①で再設定した理想や目標を意識しながら生活してみたときに、理想や目標に向かうための見方、考え方に気づかされる出来事が起こることがあります。それは、必ずしも大学の教職関係の授業や学校での出来事とは限らず、むしろ、全く関係ないように思える家族や友人との会話やテレビのニュース、ネット配信の記事かもしれません。また、必ずしもよい出来事とは限らず、むしろ不快な思いをする出来事かもしれません。強い感情を伴う出来事の場合には、その感情を一旦わきに置いて後から客観的に捉え直したときに、再設定した理想や目標に向かうために、今、必要な見方、考え方が見えてくることがあります。そういった気づきがあれば、その見方、考え方を再設定した理想や目標に追記していくとよいでしょう。

──チャッターを克服して教師も子どもたちも自分らしく生きられる学校づくりに向かうために

本書では、急激に変化する社会の中で不安や恐れをもたらすチャッターに動かされず、教師も子どもたちも自分らしく生きることができる学級や学校づくりに向かうための教師としての理想や目標の立て方について説明してきました。最後に、チャッターとの付き合い方についての手掛かりをいくつか説明します。

まず、チャッターにかかわる問題で、私たちが発達段階を後の段階へと進む中で最も長期にわたって影響を受け続けるものはコントロール欲求です。コントロール欲求を克服するには、自分の不安や恐れを自覚して手放し、ありのままの自分を認めることが大切です。具体的には、自分自身の小学校から高等学校までの学習経験などを振り返って、不安や恐れに動かされて努力してきたことがあれば、そのことを認めるとよいでしょう。その上で、たとえ不安や恐れがなかったとしても努力できたこと、やりたいと思ったことを見つけてみましょう。そして、これからやりたいことについても、不安や恐れに動かされていないか確認し、不安や恐れがなかったとしてもやってみたいと思えることを見つけるとよいでしょう。

次に、教師として成長、発達していく過程で、指導方法や指導の在り方など、さまざまなことにこだわりをもつことがあります。「〇〇するべきだ」「〇〇しなければならない」といったこだわりは、第5章のコラムでも示したようにチャッターとなって私たちの成長を促すこともあれば、後の段階への発達を停止させることもあります。では、こだわりをもって成長に向かうときと、こだわりを手放して発達に向かうときをどのように見極めればよいでしょうか。こだわるときと手放すときを判断する際に、停滞感や不安の感情が一つの目安になるでしょう。第5章で紹介した『志を育てる』の5つのサイクルで見れば、新たな見方、考え方を具体化して実践しながら工夫し改善する「③新たな目標の設定」「④達成への取り組み」の時期には停滞感や不安を感じることはほぼないので、徹底的にこだわることで成長に向かうことができるでしょう。そして、これまでの方向で工夫や改善を尽くしても課題が残ると感じられ、成長が停滞していると感じられる「⑤取り組みの終焉」「①客観視」「②自問自答時期」には停滞感や不安を感じることが多くなるので、一旦これまでのこだわりを手放す時期と捉えるとよいでしょう。

本書では、教師のチャッターとの付き合い方を中心に説明しましたが、それは、学校で子どもたちの心に生まれるチャッターを減らすためには、まず教師が自分自身のチャッターを減らしながら子どもたちのチャッターの働きを理解することが大切だと考えるからです。そして、教師自身が後の段階へと発達し続けようとしていれば、その場に「発達を促すシンクロニシティ」が生まれ、子どもたちの発達を促すことにもつながります。その際、自我発達段階の各段階の特性を理解する過程で、自分よりも前の段階の特性を示す人々に対して批判したくなる気持ちが生まれることもあります。しかし、自我発達段階が入れ子構造になっていることを思い出せば、自分が批判したくなる前の段階の人々の特性は自分自身の中に今もあり、過去には自分もその人々と同じようなことをしたことがあったと気づくことができます。自分も通ってきた道だから、前のすべての発達段階の要素が自分の中にも存在しています。さらに、自我発達段階が入れ子構造になっているということは、現在の自分の段階を超えて含む段階があり、その段階の見方、考え方はまだ自分には見えていないことも意味します。自我発達段階の入れ子構造と、自身の発達の状況や課題を自覚することで、本書で示している「包容力のある教師」、すなわち自分も子どももありのままを認めた上で、それぞれのペースで自分らしく成長、発達できるよう各発達段階の特性を踏まえて環境を整え、見守り、支える力を備えた教師へと成長、発達することができます。このような包容力のある教師が増えることで、子どもたちや学校にかかわる人々すべてが自分らしく生きられる学級づくりや学校づくりに向かうことができるでしょう。

最後に、チャッターを完全に克服する可能性について触れておきます。本書では、認知行動療法の考え方を参考にチャッターとの付き合い方や自我発達段階を後の段階へと進むための方法を示しています。伊藤絵美氏の『ケアする人も楽になる認知行動療法入門BOOK1』を基に認知行動療法の基本的な考え方を整理すると、次のように示すことができます。

①環境にあるストレス状況と自分の中のストレス反応を整理して客観的に捉える
②ストレス反応を認知、気分・感情、身体反応、行動の4領域から理解する
③ストレス状況とストレス反応の4領域の関係を相互作用的・循環的に捉える
④ストレス反応の認知を浅いレベルの自動思考と深いレベルのスキーマ（信念・思い込み）**に分ける**

④に示されたストレス反応の中で浅いレベルのネガティブな自動思考がチャッターだと考えられます。本書では教師に典型的に見られるストレス状況に関するネガティブな自動思考とその背景にある信念・思い込みの事例を示し、悪循環の状況を客観的に捉えた上で対処法を示しています。それにより、内省しながら本書を読んで教師としての理想や目標を再設定することは、読者にとってある程度、認知行動療法的な効果をもつと考えられます。

伊藤氏が『ケアする人も楽になる認知行動療法入門BOOK1』で述べているように、認知行動療法は特別な心理学的知識や訓練を必要とはせず、基本的な考え方を知ってセルフケアの形で用いることができます。しかし、認知行動療法の限界として、自分で客観視できない場合にはセラピストによる客観的に見つめ直すためのトレーニングが必要なこと。深いレベルのスキーマといっても実際には言語化可能な無意識の表層部分でしかないこと。無意識の深い部分から来る強い不安や恐れなどの情動を伴う問題には対処が困難なこと。言語化できない乳幼児期のトラウマや、成育歴の中で無意識の深い部分に抑圧されたトラウマから生じた課題への対処は不可能なこと、が挙げられます。したがって、認知行動療法でチャッターによる影響をある程度まで克服することはできますが、チャッターを消すことは困難だと考えられます。

第1章で述べたように、チャッターが、脳内の仮想的な身体イメージと無意識のうちにそこに変更を加える過去の身体感覚の記憶や情動、欲求の無意識的なループシステムから生まれた循環するネガティブな思考と感情だとすれば、認知行動療法で扱う身体反応よりももっと微細な身体感覚にチャッターの根源がある可能性が考えられます。このような身体感覚にアプローチする心理療法として本書ではフォーカシングとクリアランスメソッドを簡潔に紹介します。フォーカシングは、E・T・ジェンドリンが創始した心理療法で、セラピストによる支援を受けながら、自分の身体の中心部分に意識を向けたときに感じ取られる身体感覚（フェルトセンス）と対話を深めていく方法です。クリアランスメソッドは近年、佐々木明里氏が開発した内観法で、不安や恐れの根源にある世界観と体感を同時に捉えて、抜けて、体感することを繰り返してチャッターの根源にあるネガティブな心の構造からまるごと抜ける方法で、経験者による助言指導を受けながらセルフケアを進めると効果的です。

それぞれの成育歴によってチャッターの量には差があるため、本書を基に実践することでチャッターが気にならなくなる人もいると思いますが、本書だけではチャッターの克服が困難な人はフォーカシングやクリアランスメソッドを併用するとよいでしょう。

おわりに

本書は、主に教師を目指す学生や初任段階の教師に向けて、教師も子どもたちも自分らしく生きられる学級づくりや学校づくりを視野に入れた理想や目標の設定ができるようになることを目的として執筆しました。しかし、本書に示した見方、考え方は、初任から数年後、教育実習生の指導をするとき、管理職になったときなど、定期的に見返して自身の成長、発達の過程を振り返って理想や目標の再設定をすることにも使えます。本書では、教師の生涯にわたる成長、発達の過程で典型的に見られる見方、考え方の発達過程とそれを促したり妨げたりする要因を示しました。それは、これまで個々の教師の試行錯誤に委ねられていたために偶然性に支配されていた教師としての成長、発達のための発達論的な地図を示す試みとも言えます。この地図は、船乗りの経験をもとに作成された中世の世界地図のように、各自我発達段階にいる教師や教育関係者の姿をもとに作成したものです。現代の世界地図のような精密さやわかりやすさはまだありませんが、今後教師としての人生の旅をよりよく進めるための参考になることを願っています。そして、将来的には、より多くの教師が自律的段階以降まで発達し、その過程についてより多くの事例から検討することでより正確な地図が作られることを願っています。

本書の執筆にはさまざまな「発達を促すシンクロニシティ」がかかわっています。これから教師を目指す学生にはファシリテーションの能力が必要と考えたことから出会ったホワイトボード・ミーティング®開発者のちょんせいこさんと認定講師の高橋章先生。道徳授業の共同研究を通して子どもたちの道徳性の成長、発達を促す姿から学ばせていただいた山形大学附属学校の先生方。娘の小中学校時代にお世話になった先生方。本書執筆の数か月前から始めて現在も継続中のクリアランスメソッドとその開発者佐々木明里さんとの出会い。『道徳は本当に教えられるのか―未来から考える道徳教育へ13の提言』執筆の機会をいただいた國學院大學の田沼茂紀先生と編集の際に私の難解な文章を読み解いて的確な修正の提案をいただいた東洋館出版社大岩有理奈さん。多忙さを理由に執筆を躊躇していた私に強く背中を押す言葉を送ってくださったソウルナビゲーター豊原未絵さん。その他にも多くの人々や書籍との出会いから本書が生まれました。本書の執筆に直接、間接にかかわったすべての方々に感謝申し上げます。

私自身、これまで多くのチャッターによる生きづらさを抱えてきましたが、本書の執筆と並行してクリアランスメソッドに取り組むことで、自分自身のチャッターを例にあげたり、自分が書いた文章によって自分の課題が見えてきたりする経験ができました。本書を読んだみなさまにも「発達を促すシンクロニシティ」による出会いが広がることを願います。

参考文献

アントニオ・R・ダマシオ『感じる脳：情動と感情の脳科学 よみがえるスピノザ』ダイヤモンド社、2005年

イーサン・クロス『Chatter（チャッター）：「頭の中のひとりごと」をコントロールし、最良の行動を導くための26の方法』東洋経済新報社、2022年

伊藤絵美『ケアする人も楽になる認知行動療法入門Book1』医学書院、2011年

岩瀬直樹・ちょんせいこ『よくわかる学級ファシリテーション①―かかわりスキル編―』解放出版社、2011年・『よくわかる学級ファシリテーション②―子どもホワイトボード・ミーティング編―』解放出版社、2011年・『よくわかる学級ファシリテーション③―授業編―』解放出版社、2013年

川上康則『教室マルトリートメント』東洋館出版社、2022年

グロービス経営大学院『志を育てる 増補改訂版：リーダーとして自己を成長させ、道を切りひらくために』東洋経済新報社、2019年

ケン・ウィルバー『インテグラル心理学』日本能率協会マネジメントセンター2021年

ジョセフ・ジャウォースキー『シンクロニシティ　増補改訂版―未来をつくるリーダーシップ』英治出版、２０１３年
ジョナサン・ハイト『社会はなぜ左と右にわかれるのか――対立を超えるための道徳心理学』紀伊國屋書店、２０１４年
スザンヌ・クックグロイター「自我の発達：包容力を増してゆく9つの段階」『トランスパーソナル学研究』第15号、２０１８年、57―96頁。
ステファン・W・ポージェス『ポリヴェーガル理論入門：心身に変革をおこす「安全」と「絆」』春秋社、２０１８年
武田信子『やりすぎ教育：商品化する子どもたち』ポプラ新書、２０２１年
ちょんせいこ『ホワイトボード・ミーティング® 検定試験公式テキストBasic3級』ひとまち、２０１６年
苫野一徳『愛』講談社現代新書、２０１９年
ピーター・ジョンストン『オープニングマインド：子どもの心をひらく授業』新評論、２０１９年
フレデリック・ラルー『ティール組織』英治出版、２０１８年
満倉靖恵『「フキハラ」の正体：なぜ、あの人の不機嫌に振り回されるのか』ディスカヴァー携書、２０２２年

著者紹介
吉田　誠（よしだ・まこと）
博士（教育学）。道徳教育学を専門とする教育学者。ホワイトボード・ミーティング®認定講師。自我発達段階論に基づく道徳性発達研究の成果を活かし、教員研修や道徳科の授業づくりの助言指導を行っている。また、大学の「教職論」の授業でファシリテーション技法を用いて教師を目指す学生の成長を支援している。

「ちゃんとしなきゃ」から解放されて
自分らしく成長する教師になる方法

2024（令和6）年1月17日　初版第1刷発行

編著者　吉田　誠
発行者　錦織　圭之介
発行所　株式会社 東洋館出版社
〒101-0054
東京都千代田区神田錦町２丁目9-1
コンフォール安田ビル2F
代　表　TEL：03-6778-4343
FAX：03-5281-8091
営業部　TEL：03-6778-7278
FAX：03-5281-8092
振　替　00180-7-96823
URL　https://www.toyokan.co.jp
本文デザイン　内藤富美子＋梅里珠美（北路社）
装　丁　中濱健治
印刷・製本　株式会社 藤原印刷

ISBN978-4-491-05406-3 / Printed in Japan